SOMMAIRE

HENRI CARTIER-BRESSON
LE TIR PHOTOGRAPHIQUE

Clément Chéroux

Pour Pierre Aparine
Amical souvenir
Clément Chéroux

DÉCOUVERTES GALLIMARD
ARTS

« J'avais bien un Brownie Box comme beaucoup d'enfants, mais je ne m'en servais que de temps à autre pour remplir de petits albums avec mes souvenirs de vacances. » C'est vers l'âge de 13 ou 14 ans, qu'Henri Cartier-Bresson commence à pratiquer la photographie en amateur. Avec son petit appareil Kodak, il fixe alors le bonheur de ses proches, la vie en famille, les moments de vacances, ou les activités de plein air avec ses camarades scouts.

CHAPITRE 1

LES ANNÉES DE FORMATION

Réalisées au début des années 1920, les toutes premières photographies d'Henri Cartier-Bresson (page de gauche) sont conservées dans ce petit album de toile grise (ci-contre) qui porte sur la première page sa signature calligraphiée d'une main encore enfantine.

Cousu de fil blanc

Né le 22 août 1908, à Chanteloup, en Seine-et-Marne, Henri Cartier-Bresson est l'aîné de cinq enfants. Normand par sa mère, il passe son enfance dans les beaux quartiers de Paris, rue de Lisbonne, à proximité du parc Monceau. Depuis plusieurs générations déjà, sa famille a fait fortune dans l'industrie du coton. Le nom de Cartier-Bresson est, à l'époque, surtout connu comme une marque de fil à coudre, à broder, ou à tricoter. Les usines familiales à Pantin ou à Celles-sur-Plaine emploient plusieurs centaines d'ouvriers.

L'enfant reçoit une bonne éducation, à l'école Fénelon, puis au lycée Condorcet. Une gouvernante venue d'outre-Manche, Miss Kitty, lui donne le goût – et quelques facilités – pour la langue anglaise. Le temps passé aux concerts, dans les expositions de peinture et les musées ne lui est pas compté. Le jeune Cartier-Bresson en conçoit une véritable passion pour l'art. Dès son adolescence, il passe de longues heures à dessiner, comme l'avaient fait avant lui son père, son grand-père et son arrière-grand-père.

Mais c'est surtout son oncle, le peintre Louis Cartier-Bresson, ancien pensionnaire de la villa Médicis et lauréat de l'Institut, qui aura sur lui la plus forte ascendance. Ce « père mythique », comme il aime à l'appeler, pèsera pour beaucoup dans sa décision de renoncer à la carrière toute tracée qui, en tant qu'aîné, lui est réservée dans l'entreprise familiale, pour se consacrer à l'art.

À Fénelon, Cartier-Bresson est décrit comme un élève « intelligent », qui « doit réussir »... « s'il discipline son attention ». Sur la photo de classe de 1922, il apparaît (au 1er rang à gauche) non loin de son ami Henri Tracol, qui deviendra lui aussi photographe.
Les usines Cartier-Bresson de Celles-sur-Plaine (Vosges) employaient des centaines d'ouvriers, qui fabriquaient chaque jour des milliers de ces bobines de « fil d'Irlande brillanté ».

Mort au combat en 1915, à l'âge de 33 ans, Louis Cartier-Bresson n'aura cependant pas le temps de prendre en charge l'éducation artistique de son neveu. Celui-ci apprendra les premiers rudiments de la peinture chez un proche de son oncle, le peintre Jean Cottenet, puis chez Jacques-Émile Blanche, un autre ami de la famille.

L'atelier d'André Lhote

En 1926, à l'âge de 18 ans, et après avoir été recalé plusieurs fois au baccalauréat, Henri Cartier-Bresson intègre l'académie de peinture que vient tout juste d'ouvrir André Lhote. Peintre autodidacte, proche des cubistes, mais surtout marqué par le « Retour à l'ordre » esthétique de l'après-guerre, Lhote a développé, parallèlement à son œuvre picturale, un important travail de pédagogue, de théoricien et de critique d'art. Jacques

Deux époques de l'histoire de la photographie : Cartier-Bresson posant en mars 1924 dans les studios du célèbre Nadar, alors tenus par son fils Paul.

Sur cette photographie de l'académie Lhote, réalisée vers 1927 et longtemps conservée par Cartier-Bresson, il est difficile de l'identifier parmi la vingtaine d'étudiants, peut-être parce qu'il se trouve lui-même derrière l'appareil. Tout dans l'image, depuis le personnage juché sur une table, en tutu et chapeau de paille, jusqu'à l'attitude des élèves en arrière-plan posant mains dans les poches, indique qu'elle a été mise en scène, probablement pour se moquer des séances de dessin d'après modèle et des études d'anatomie, dont André Lhote était un fervent partisan.

Rivière lui confie en 1919, à la suite d'Apollinaire, la rubrique artistique de *La Nouvelle Revue française*. Dans sa peinture, comme dans son enseignement, ou ses écrits, Lhote tente une synthèse « totaliste » entre les acquis des avant-gardes et ce qu'il considère comme les grandes lois immuables de la peinture : les « invariants plastiques ». Son enseignement est extrêmement théorique et normatif. Il recommande l'étude d'après nature et le dessin sur le modèle.

En 1927, au moment même où Cartier-Bresson fréquente son atelier, Lhote écrit ainsi dans la revue *Centaure* : « Pour moi, la photographie, loin d'avoir libéré la peinture de l'idée de ressemblance, a fixé cette idée ; elle en a établi un critérium définitif. Grâce à Daguerre, le public sait ce que l'on peut obtenir comme représentation du visage humain (il l'ignorait au Moyen Âge). Il ne s'agit plus maintenant que d'obtenir du peintre qu'il fasse une "photographie à la main". » Mais surtout, la grande obsession de Lhote est celle de la composition. Il ne s'exprime qu'en termes de « nombre d'or », de « divines proportions », de « mesure idéale », de « lois de composition », ou d'« harmonie universelle ». Ses élèves pratiquent ce qu'il appelle des « exercices de purification », en apposant des schémas de constructions géométriques sur des reproductions des œuvres des grands maîtres. C'est là, rue d'Odessa, en plein cœur du Montparnasse des Années folles, parmi la jeunesse cosmopolite qui fréquente l'académie, qu'Henri Cartier-Bresson « contracte le virus de la géométrie ». Il ne restera que deux ans chez Lhote, mais conservera, jusqu'à la fin de sa vie, parmi ses livres de chevet, son *Traité du paysage* (1939) ou son *Traité de la figure* (1950) et reconnaîtra volontiers qu'il lui « a appris à lire et à écrire ».

Outre Cartier-Bresson, d'autres photographes des années 1930, comme Dora Maar ou Florence Henri, ont suivi l'enseignement de Lhote. En 1944, Cartier-Bresson retrouve son ancien maître et le photographie parmi ses étudiants. Celui-ci continuera à enseigner jusque dans les années 1950, formant ainsi la génération des artistes de l'après-guerre, dont Aurélie Nemours et William Klein.

Rencontres avec les surréalistes

Au moment où il fréquente l'Académie Lhote, Cartier-Bresson entre également en contact avec les surréalistes, réunis autour d'André Breton. Chez Jacques-Émile Blanche, il se lie tout d'abord d'amitié avec René Crevel, ce dandy aux yeux clairs qui affiche son homosexualité, sa fascination pour le spiritisme et son attirance pour tous les « dérèglements des sens ». C'est lui qui introduit Cartier-Bresson aux rencontres qu'organisent les surréalistes dans les cafés de la Rive droite. « Je fréquentais assidûment, assis en bout de table, les réunions surréalistes au café de la place Blanche, trop timide et trop jeune pour prendre la parole », écrira plus tard Cartier-Bresson.

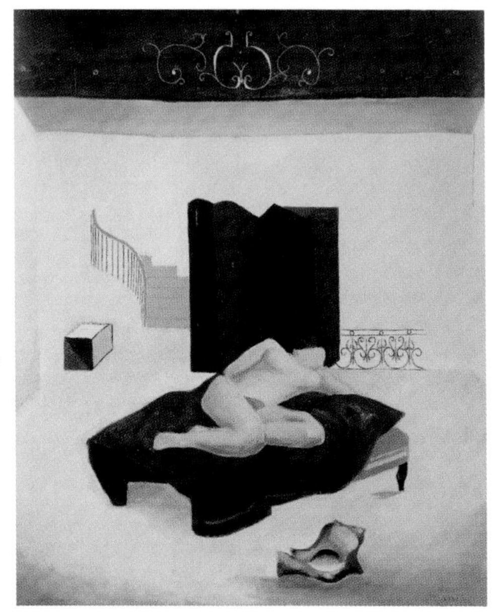

Au milieu d'un espace traité par grands aplats de beige et de marron apparaît un nu contorsionné, tête renversée, visage évidé, qui fait écho à un coquillage marin et à divers motifs ornementaux répartis dans l'image. Peinte par Cartier-Bresson en 1927, cette œuvre associe un purisme nourri des théories de Lhote ou d'Ozenfant et un traitement du corps plus surréalisant. Synthèse improbable entre l'esthétique du « retour à l'ordre » et celle du « dérèglement des sens », mais qui reflète assez bien l'ambivalence dans laquelle évolue alors le jeune artiste.

À cette époque, le groupe surréaliste peut déjà s'enorgueillir d'avoir à son actif quelques beaux faits d'armes. Breton, qui vit intensément sa rencontre avec Nadja, a déjà signé le premier *Manifeste du surréalisme*, par lequel il en appelle à une libération de l'imagination. Aragon a également publié, en 1925, *Le Paysan de Paris*, dans lequel il décrit les « mille spectacles » qui s'offrent à lui au hasard de ses déambulations dans les rues et les passages de la capitale. La revue du groupe, *La Révolution surréaliste*, égrène au fil de ses pages des articles singuliers sur des sujets que ne traite guère la presse de l'époque : le rêve, le hasard, le suicide, etc. Cette refondation de l'imaginaire, doublée d'une violente critique à l'égard des valeurs bourgeoises, n'est pas sans déplaire à une génération qui a vu ses aînés disparaître dans la boucherie de la Première Guerre mondiale.

Ces fréquentations ne seront pas sans conséquences sur le regard en gestation du jeune Henri Cartier-Bresson. Du surréalisme, il retiendra le goût pour l'intuition, l'insubordination, le hasard ou les coïncidences et peut-être surtout la primauté accordée à l'expérience vécue – c'est-à-dire à la vie même.

Les peintures d'Henri

Les rares exemples d'œuvres peintes par Henri Cartier-Bresson à la fin des années 1920 qui nous soient parvenus sont le fruit d'un croisement entre l'enseignement de Lhote et la fréquentation des surréalistes. À travers Lhote, c'est toute l'influence de Cézanne qui resurgit dans les toiles du jeune peintre. Comme l'historien de l'art John Rewald le lui apprendra bien plus tard, il peint à cette époque, sans le savoir, un motif sur lequel Cézanne s'était lui-même arrêté un demi-siècle plut tôt, la rue des Saules à Montmartre.

René Crevel (ci-contre), qui présenta Cartier-Bresson aux membres du groupe surréaliste, était fasciné par le spiritisme, les messages de l'au-delà, l'hypnotisme et l'écriture automatique des médiums. Aux côtés de Desnos, Eluard ou Breton, il fut l'un des piliers de ces séances de « rêve éveillé » auxquelles s'adonnaient les surréalistes et dont une photographie, réalisée par Man Ray en 1924, a conservé l'étrange atmosphère (ci-dessous).

Dans d'autres peintures, l'aspiration surréaliste est plus manifeste. Une œuvre peinte en 1928-1929, lors d'un séjour d'études à Magdalen College, à l'université de Cambridge, montre combien Cartier-Bresson avait attentivement regardé les toiles de l'Espagnol Joan Miró, qui faisait de fréquents séjours à Paris et avait été adopté par les surréalistes.

Les amis américains

À son retour d'Angleterre, Henri Cartier-Bresson doit remplir ses obligations militaires. Il est affecté dans l'armée de l'air, à la base du Bourget, au nord de Paris. C'est au cours de cette période, pendant ses permissions, qu'il se lie d'amitié avec un couple d'Américains installé à Ermenonville, non loin de son camp de stationnement. Harry et Caresse Crosby sont tous deux issus de la meilleure société de Boston. Lui est diplômé de

« Je fis mon service militaire sur le terrain d'aviation du Bourget [ci-dessus], écrivait Cartier-Bresson en 1994, et lorsque je n'étais pas consigné en salle de police (si j'avais mon fusil sur l'épaule droite, je gardais sous mon bras gauche *Ulysse* de Joyce), le poète américain Harry Crosby et sa femme me prenaient au passage. » C'est par l'intermédiaire des Crosby, qu'il rencontra les Powel. Une photographie prise en 1928 montre les deux couples dans une curieuse mise en scène avec un squelette (ci-contre, de gauche à droite, Peter et Gretchen Powel, Caresse et Harry Crosby).

Harvard et appartient à la famille du grand banquier J. P. Morgan. Après avoir travaillé un temps dans la succursale parisienne de la banque familiale, il décide de se retirer des affaires pour se consacrer à la poésie et fonder, avec sa femme, les éditions Black Sun Press. Sous la forme d'ouvrages très soignés, remarquables par l'attention apportée au choix du papier, de la typographie et des illustrations, ils publieront les œuvres de James Joyce, T.S. Eliot, D.H. Lawrence, Henry James, Ernest Hemingway, ou Ezra Pound. La fine fleur de l'avant-garde artistique et littéraire fréquente donc la maison des Crosby, le Moulin du Soleil, à Ermenonville.

C'est là que Cartier-Bresson retrouve Crevel, Breton ou rencontre Salvador Dalí et Max Ernst. C'est là, également, qu'il fait la connaissance de Julien Levy, le fils d'un très riche promoteur new-yorkais, qui a étudié l'histoire de l'art à Harvard et sera, quelques années plus tard, en tant que galeriste et marchand, l'un des introducteurs de l'avant-garde européenne, et notamment du surréalisme, aux États-Unis. Il jouera un rôle particulièrement important dans la carrière et la reconnaissance américaine de Cartier-Bresson. « Il a été le premier à apprécier mes photos », disait volontiers Henri de lui. C'est encore chez les Crosby qu'il se lie avec un autre couple d'Américains : Gretchen et Peter Powel. Tous deux pratiquent la photographie en amateur et incitent leur entourage à mieux regarder cette nouvelle forme d'art. C'est d'ailleurs en cette même année 1930 que les Crosby publient *The Bridge*, le livre-poème de Hart Crane sur le pont de Brooklyn accompagné de trois photographies de Walker Evans.

“La chambre noire était pour Henri le lieu de transgression absolue de toutes les règles sacrées. C'est sans doute pourquoi il m'a plu et que j'ai décidé de défendre ses « miracles instantanés ».”
Julien Levy [ci-dessus, en 1927, par B. Abbott]

“Julien Levy était un homme merveilleux. Je lui dois beaucoup et j'ai toujours admiré ses choix et sa liberté et il a été le premier à apprécier mes photos et nous sommes restés très amis jusqu'à ce qu'il tire sa révérence. C'est lui qui m'a fait connaître Caresse Crosby, René Crevel et tant d'autres.”
H. Cartier-Bresson, note manuscrite, 12 mai 2004

Débuts photographiques

Au Moulin du Soleil, à Ermenonville, Cartier-Bresson redécouvre la photographie. « Les premières photos que j'ai vues, par l'intermédiaire d'amis américains sont les photos d'Atget et de Kertész », racontera-t-il plus tard. Julien Levy vient en effet d'acquérir avec Berenice Abbott le fonds d'atelier du photographe Eugène Atget, décédé en 1927. À cette époque, Levy est, par ailleurs, l'une des

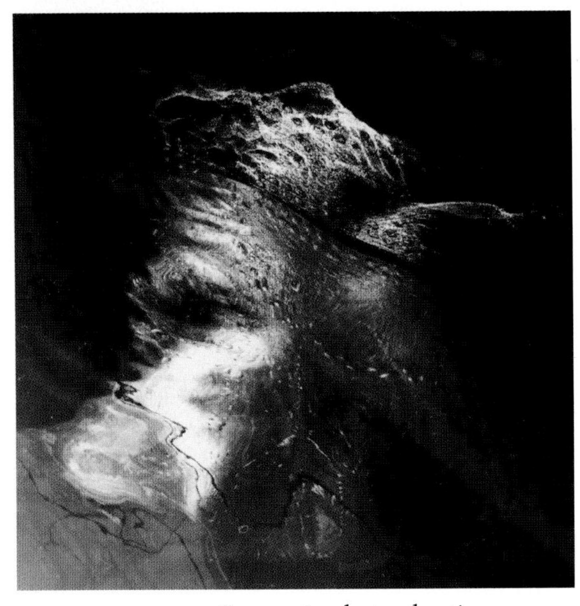

rares personnes en Europe à acheter des tirages aux photographes, non comme de simples illustrations, mais comme de véritables œuvres. Il acquerra ainsi des images de Man Ray, André Kertész, Eli Lotar, László Moholy-Nagy, Lee Miller, Umbo et de quelques autres. Les Powel auront aussi, sans doute, largement contribué à l'éducation photographique du jeune Cartier-Bresson en lui montrant les images de ces photographes, ou d'autres, dans les magazines illustrés de l'époque. Mais surtout, c'est avec eux qu'Henri Cartier-

Aujourd'hui conservé à la fondation HCB, le « First Album » (page de droite) contient les premières recherches photographiques d'Henri Cartier-Bresson. Images surréalisantes, points de vue originaux, recherches de matières et de structures, ce recueil inaugural est un extraordinaire témoignage sur la gestation du regard d'un photographe à la recherche de son style. Dans ces premières années, à l'aide d'un Rolleiflex prêté, Cartier-Bresson s'essaie également à des compositions carrées (ci-contre), plus abstraites, formelles et statiques.

Lorsque Cartier-Bresson commence à photographier, Atget vient juste de mourir. Les surréalistes ont publié ses images dans leurs revues, il est très présent dans les grandes expositions photographiques de l'époque. La récurrence, dans les premières images de Cartier-Bresson (double page suivante, en haut à gauche et page de droite), de mannequins et de vitrines, motifs caractéristiques de l'œuvre d'Atget (page de gauche, en bas), montre l'impact de celle-ci sur la nouvelle génération de photographes apparue au début des années 1930.

Bresson se remet à la photographie. Dans une biographie rédigée immédiatement après la guerre pour le Museum of Modern Art de New York (MoMa), il explique en effet avoir commencé à photographier en 1930 « avec Gretchen et Peter Powel ». Lui qui n'avait jusqu'alors jamais envisagé la photographie autrement que comme un simple passe-temps de dilettante comprend qu'elle peut être un mode d'expression à part entière, une forme d'art, au même titre que la peinture.

Outre ses photographies d'amateur du début des années 1920, il existe bien quelques images réalisées à Dieppe en 1926 ou à Rouen en 1929 que Cartier-Bresson réintégrera plus tard dans son œuvre, mais c'est réellement de sa fréquentation du couple Powel que datent les débuts d'une recherche photographique consciente et affirmée. Par-delà les quelques clins d'œil attendus aux mannequins ou aux devantures d'Atget, il y a, dans ces premières images, des choses tout à fait inattendues pour qui connaît l'œuvre à venir : études de matières et de structures, usage récurrent de la plongée et de la contre-plongée, recherche de l'abstraction. L'influence est manifestement celle de la Nouvelle Vision, qui est alors, dans la photographie européenne, l'esthétique dominante.

COIFFEUR

Dans les années 1930, Henri Cartier-Bresson, qui signe alors le plus souvent « Henri Cartier », devient vraiment photographe. À travers une série de voyages photographiques qui le mènent d'Abidjan à New York en passant par Varsovie, Berlin, Florence ou Mexico, il élabore son style, entre pureté géométrique et fulgurance surréaliste. Quelques-unes de ses plus grandes images ont été réalisées durant cette décennie.

CHAPITRE 2

HENRI CARTIER PHOTOGRAPHE

CORONATION

Ceux qui regardaient...

REPORTAGE PHOTOGRAPHIQUE d'Henri CARTIER

Vers 1932, Cartier-Bresson se photographie dans un miroir déformant, rue Saint-Paul, à Paris (à gauche). En mai 1937, il se rend à Londres pour photographier le couronnement de George VI. Publié le 20 mai, dans *Regards* (ci-contre), son reportage ne montre pas le nouveau monarque, mais le peuple qui regarde – mi-amusé, mi-fasciné – le spectacle de la royauté.

Impressions d'Afrique

Peu de temps après la fin de son service militaire, Henri Cartier-Bresson s'embarque pour l'Afrique. Ce départ, aussi soudain qu'inattendu, s'explique de diverses manières. Il semble autant le fruit d'une rupture que d'un appel. Rupture avec le cocon familial et la bonne société bourgeoise dans laquelle il a été élevé, rupture avec l'enseignement de Lhote jugé trop théorique, rupture enfin d'une liaison avec Gretchen

Powel qui, selon ses propres mots, « ne pouvait pas aboutir ». L'appel, c'est autant celui de l'aventure, que celui d'un continent noir, omniprésent dans l'imaginaire européen du début du XXe siècle. Ce qui incite Cartier-Bresson à partir, c'est ce qui avait mené Rimbaud en Abyssinie, Céline au Cameroun, ou Gide au Congo, c'est ce qui, à peu près au même moment, pousse Michel Leiris à accompagner la mission Dakar-Djibouti, c'est l'attrait de l'Afrique. Il sait par ailleurs très bien ce que le cubisme doit à l'« art nègre » : Lhote en était féru et montrait des masques africains à ses élèves. Avant son départ, le jeune homme a sans doute vu les photographies réalisées par Marc Allégret lors de son voyage au Congo en compagnie de Gide, et qui ont été largement diffusées à la fin des années 1920.

Vues en plongée prises du pont du bateau, séquences d'images rythmiques, scansions de lignes et de formes répétitives, ces premières photographies d'Henri Cartier-Bresson, réalisées en Afrique entre 1930 et 1931, puis recueillies dans son « First Album », montrent combien il était alors imprégné de l'esthétique de la Nouvelle Vision.

En tout cas, lorsqu'en octobre 1930 il s'embarque à Rouen, Cartier-Bresson a pris soin d'emporter un appareil photo. Il arrive en Côte-d'Ivoire, près d'un mois plus tard, où il restera un peu moins d'un an à pratiquer divers métiers. Il est négociant en bois, puis planteur, jusqu'à ce qu'il rencontre un chasseur autrichien qui lui apprendra à chasser de nuit en utilisant la lumière d'une lampe à acétylène pour attirer sa proie. La photographie n'est pas le but de son voyage. Il s'y adonne de temps à autre, dans un style encore très influencé par les points de vue en plongée et les agencements de formes répétitives de la Nouvelle Vision, mais où transparaît déjà un très grand sens de la composition. Sans doute serait-il resté plus longtemps si une mauvaise fièvre ne l'avait obligé à mettre un terme à ce voyage initiatique et à regagner l'Europe au printemps de 1931.

«Parce que je suis un aventurier et que j'en avais assez de l'Europe. J'avais beaucoup appris pendant mes deux ans à l'atelier du peintre André Lhote, mais son côté théoricien m'ennuyait. Ajoutez à cela une histoire sentimentale, et je suis parti comme le Bardamu de Céline, avec Rimbaud, Lautréamont et l'*Anthologie nègre* de Cendrars sous le bras. L'Afrique que j'ai connue, c'est celle, mot pour mot, de *Voyage au bout de la nuit*.»

H. Cartier-Bresson à un journaliste du *Monde*, sur les raisons de son départ pour l'Afrique, 1991

Devenir photographe

Le retour d'Henri Cartier-Bresson correspond à sa découverte, dans le volume de 1931 d'*Arts et*

Métiers graphiques, d'une photographie de Martin Munkácsi représentant trois enfants noirs qui courent se jeter dans les vagues du lac Tanganyika. Pour le jeune homme de 23 ans, c'est une révélation. Tout dans l'image le subjugue : le contraste des corps sur l'écume, leur gracieux emboîtement, leur subtile dynamique. Elle lui rappelle non seulement son expérience de l'Afrique, mais elle lui montre surtout ce qu'il est possible de faire avec un appareil photo. « J'ai soudain compris que la photographie peut fixer l'éternité dans l'instant, dira-t-il plus tard. C'est la seule photo qui m'ait influencé. Il y a dans cette image une telle intensité, une telle spontanéité, une telle joie de vivre, une telle merveille qu'elle m'éblouit encore aujourd'hui. La perfection de la forme, le sens de la vie, un frémissement sans pareil... » Comme il l'expliquera à diverses reprises, cette image fut l'étincelle qui mit le feu aux poudres.

Il est ici difficile de faire la part entre les faits avérés et ce qui relève de la mythologie personnelle reconstruite a posteriori à travers une suite logique d'actes fondateurs, mais il semble bien que ce soit à son retour d'Afrique que Cartier-Bresson ait envisagé d'arrêter la peinture pour se consacrer à la photographie. C'est en tout cas à ce moment-là qu'il détruit ses toiles et annonce à son père qu'il veut devenir photographe. Il décide dès lors de reprendre la route, non plus simplement pour voyager, mais, désormais, pour photographier. Ce sera tout d'abord l'est de l'Europe – Berlin, Budapest, Varsovie –, qu'il

MUNKACSI · BERLIN 57

À propos de cette photographie de Martin Munkácsi prise en 1930 et publiée l'année suivante dans la revue *Arts et Métiers graphiques*, une note de Cartier-Bresson précise : « Vers 1931 ou 32, j'ai vu une photographie de Munkácsi [...] trois enfants noirs courant dans les vagues. Je dois dire que c'est cette photo qui a mis le feu aux poudres, qui m'a donné l'envie de regarder la réalité à travers l'objectif. Il y a dans cette image une telle rigueur de composition que j'en reste encore émerveillé, mêlée à la spontanéité et à une intense joie de vivre. »

fixe comme Atget avait photographié le vieux Paris. Puis l'Italie : en 1933, à bord d'une vieille Buick achetée d'occasion, il part avec ses amis André Pieyre de Mandiargues et Leonor Fini, à la découverte de Sienne, Trieste, Venise, etc. Mandiargues dira plus tard que c'est au cours de ces voyages en Europe, au début des années 1930, que Cartier-Bresson est devenu Cartier-Bresson : « J'ai vu naître le plus grand photographe des temps modernes. » Puis c'est encore le sud de la France et l'Espagne, où il réalise quelques-unes de ses images les plus enchantées.

Ci-dessous, André Pieyre de Mandiargues et Leonor Fini photographiés en Italie en 1933. Double page suivante : Séville, Espagne, 1933 (p. 32, en haut et en bas), Livourne, Italie, 1932 (p. 33).

Voyages photographiques

Au printemps de 1934, Cartier-Bresson décide de nouveau de changer de continent en s'embarquant à bord d'un paquebot à destination de l'Amérique du Sud. Après une courte escale à La Havane, qui lui offre l'occasion de quelques très belles images, il débarque dans le port de Veracruz, au Mexique. Sur place, il est censé accompagner, en tant que photographe, une équipe du musée d'Ethnographie du Trocadéro. Mais le projet tourne court faute d'argent.

« [Cartier-Bresson] n'a rien d'un esthète [...] il n'est jamais en quête de la belle image, mais la beauté de l'image, pour lui, réside plutôt dans le dévoilement d'un certain mystère et le choc d'un certain fantastique, où le tragique se mêle au comique, voire au caricatural... »

André Pieyre de Mandiargues, in *Henri Cartier-Bresson : photoportraits*, 1985

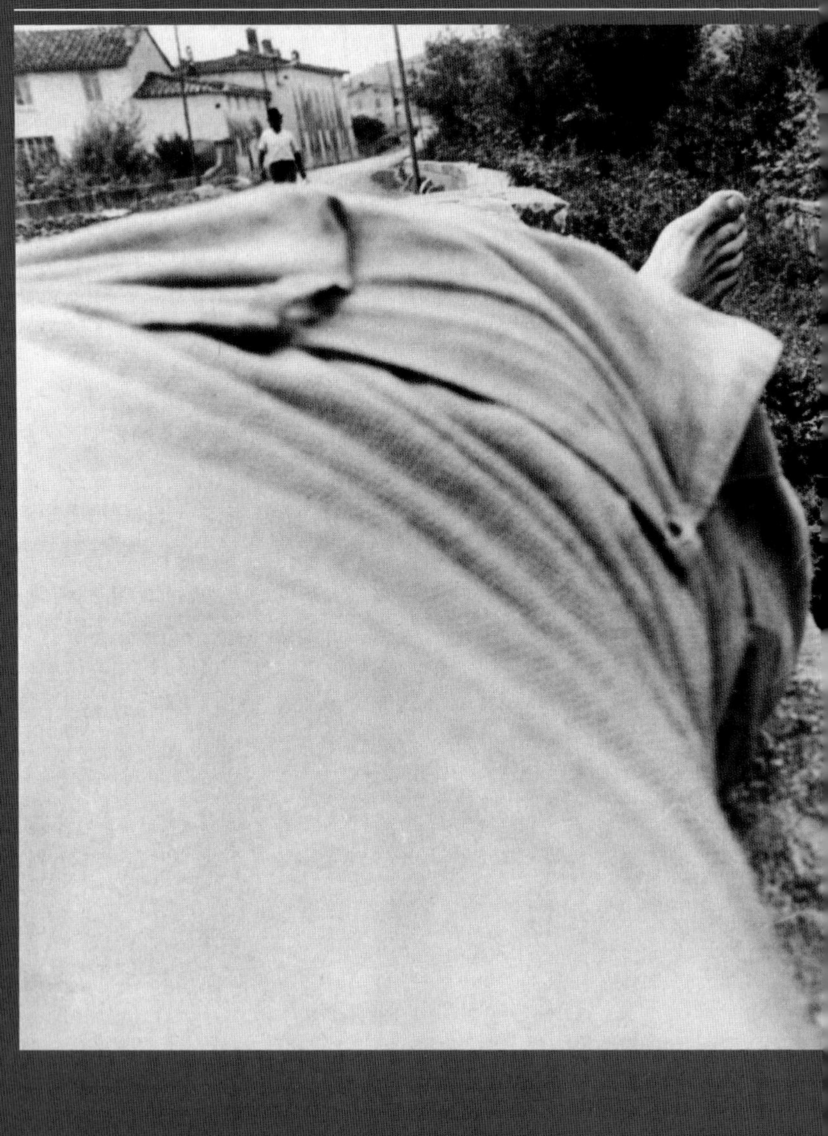

Pour le photographe qui souhaite réaliser son autoportrait, il y a différentes manières d'opérer. La plus courante consiste à se contenter de poser devant l'objectif. Plus subtilement, l'opérateur peut introduire son ombre ou son reflet dans l'image. Les autoportraits de Cartier-Bresson sont assez rares. Dans celui qu'il réalise en 1933, près de Sienne (ci-contre), il a opté pour une solution jusqu'alors peu employée : il a choisi d'inclure la partie inférieure de son propre corps au sein même de son image.
Il rappelle ainsi que la photographie n'est pas la simple reproduction mécanique du réel, mais qu'un opérateur, en chair et en os, se trouve bien derrière l'appareil. Comme pour une autre photographie réalisée la même année à Martigues (page 41), cet autoportrait est aussi un jeu visuel.
Le photographe a attendu qu'un passant entre dans sa ligne de mire et l'a placé de telle sorte qu'il semble sortir de son pantalon, en un endroit particulièrement suggestif.

La plupart des membres de la mission décident de rentrer. Cartier-Bresson préfère rester. Il s'installe dans un quartier populaire de Mexico, la Candelaria de los Patos, où il vivra chichement pendant plusieurs mois en photographiant pour les journaux locaux ou pour lui.

Sous le soleil du Mexique, il joue avec les ombres et les lumières irradiantes en des compositions à la fois graphiques et inquiétantes. Dans ce pays surréaliste s'il en est, il multiplie les images de dormeurs, d'outres de peau gonflées, ou de corps empaquetés, comme autant d'énigmes. Il est fasciné par l'omniprésence de la mort et par la chorégraphie des corps nonchalants qui évoluent dans la moiteur sexuée de la ville. Ses images résonnent comme un écho aux photographies de Manuel Álvarez Bravo, sans qu'il soit possible de dire s'il s'agit de la force du lieu ou de l'influence réciproque des deux hommes qui se fréquentent et exposent même ensemble.

À peu près comme en Afrique, Cartier-Bresson restera un an au Mexique. Il reprend ensuite son périple en direction de New York, où il débarque au printemps de 1935. Sur place, il retrouve nombre d'amis, rencontrés à Montparnasse au milieu des années 1920. Comme au Mexique, il occupe ses journées à traquer « l'éternité dans l'instant » au cours d'interminables déambulations urbaines. Cartier-Bresson « passait son temps à faire de longues promenades en prenant des instantanés », raconte le compositeur russe Nicolas Nabokov (le cousin germain de l'écrivain), chez qui il résidait alors.

Bien que la mission du musée du Trocadéro, en vue de laquelle il était parti pour le Mexique, ait avorté dès son arrivée, Cartier-Bresson livrera tout de même, à son retour, à la photothèque du musée, un lot de tirages qui seront pendant longtemps conservés dans ses collections pour leur valeur documentaire. Prise en 1934 dans le village de Patzcuaro, cette photographie montrant les chapeaux caractéristiques des paysans mexicains était ainsi classée sous la catégorie « vêtements » (ci-dessus). À Mexico, Cartier-Bresson rencontre le photographe Manuel Álvarez Bravo avec lequel il pose devant le décor du studio d'un portraitiste (page de droite).

Le compas dans l'œil

Les photographies que réalise Cartier-Bresson dans les années 1930, comme ses peintures de la fin de la décennie précédente, reflètent l'influence conjuguée de Lhote et des surréalistes. « Un mélange paradoxal de sensualité et de puritanisme », dira son ami le photographe Ernst Haas. De l'enseignement de Lhote, Cartier-Bresson photographe a principalement retenu le goût de la composition. Dès ses premières images, la géométrie est son credo. « Il est écrit dans l'Évangile "Au début était le verbe", eh bien pour moi, "Au début était la géométrie" », affirme-t-il quelques années plus tard dans une interview. La citation libre de Platon – « Nul ne peut entrer ici s'il n'est pas géomètre » – qui sert de titre à celle-ci est, d'ailleurs, depuis, restée associée au nom de Cartier-Bresson, comme si elle avait toujours été sa devise en matière de photographie.

Il est vrai que son texte-manifeste écrit en 1952 pour la préface d'*Images à la sauvette* insiste sur

Représentative de la très forte présence de la mort à Mexico, cette photographie (ci-dessous) prise par Manuel Álvarez Bravo en 1931, annonce celle que réalisera Cartier-Bresson trois ans plus tard (ci-dessus).

l'importance primordiale de la composition : « Pour qu'un sujet porte dans toute son intensité, les rapports de forme doivent être rigoureusement établis »... ou encore : « La photographie est pour moi la reconnaissance dans la réalité d'un rythme de surfaces, de lignes et de valeurs »... et plus loin : « La composition doit être une de nos préoccupations constantes. »

Les photographies de Cartier-Bresson sont la transcription la plus évidente de sa fascination pour la géométrie. Comme nombre de commentateurs se sont amusés à le démontrer en apposant des schémas de construction sur ses images, leur composition souscrit pleinement aux lois de la section d'or. Dans l'ouvrage qu'il a consacré aux premières années de Cartier-Bresson, Peter Galassi, le conservateur du département des photographies du MoMA, a bien montré sur quels ressorts reposait cette qualité de composition. Le photographe repère tout d'abord un fond dont la valeur plastique lui semble intéressante. C'est souvent un mur parallèle au plan de l'image ou un espace perspectif aux lignes graphiques marquées. Puis il attend qu'un ou

CARTIER-

Dès les années 1930, qu'il soit en reportage pour le magazine *Regards* (page de droite, en bas), en voyage en Espagne (ci-dessus), ou en Italie (page de droite, en haut), Cartier-Bresson compose remarquablement ses images. Il excelle dans sa capacité à saisir l'harmonie des rapports de formes entre l'être humain et l'espace urbain. En 1951, son ami Maurice Tabard, qui est lui aussi photographe, lui adresse un essai dactylographié (au centre) dans lequel il loue, avec force croquis et calculs d'angles, la qualité de ses compositions.

plusieurs éléments doués de vie, donc de mouvement – des enfants, un homme, un chien –, viennent trouver leur place dans cet agencement de formes en ce qu'il appelle une « coalition simultanée ». Une part de ce qui fait la qualité géométrique de l'image est préméditée, l'autre, sans doute la plus importante, reste aléatoire. À rebours de ce que l'on pourrait penser au premier abord, les compositions de Cartier-Bresson ne sont donc pas des constructions patiemment réfléchies, elles sont saisies dans l'instant, c'est-à-dire reconnues intuitivement.

En 1952, dans la préface d'*Images à la sauvette*, Cartier- Bresson écrira : « On doit situer son appareil dans l'espace par rapport à l'objet et là commence le grand domaine de la composition. »

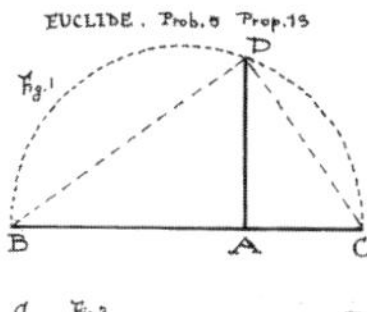

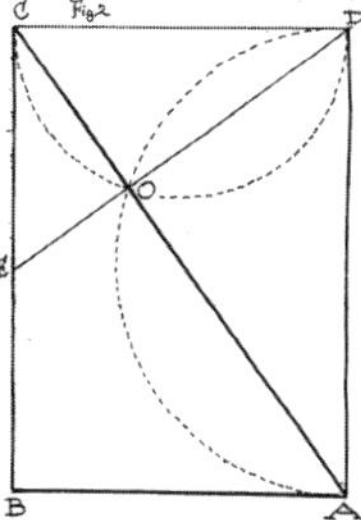

ESSON & GEOMETRIE

Le Photographe, ,est celui qui q dans sa creation spontanee de l'oeuvre faite avec la maitrise d'une machine tel que la "camera",a la grace de joindre la base scientifique de la GEOMETRIE.
Beaucoup d'entre nous,pouvons voir et sentir en ses oeuvres l'emotion du sujet par sa realisation photographique,mais en plus,nous devons comprendre toute la science qui existe derriere le cadre,en somme la charpente sur laquelle est elaboré la composition.

L'intuition surréaliste

Si la virtuosité des cadrages d'Henri Cartier-Bresson témoigne incontestablement de l'influence de Lhote, la part laissée au hasard dans ses compositions est davantage la marque du surréalisme. « Il faut être sensible, essayer de deviner, être intuitif : s'en remettre au "hasard objectif" dont parlait Breton. Et l'appareil photographique est un merveilleux outil pour saisir ce "hasard objectif" », reconnaissait-il d'ailleurs volontiers. Par-delà cette attirance marquée pour les heureuses coïncidences, dont le photographe ne se départira jamais, sa connivence avec le surréalisme s'exprime également dans son goût de la liberté, de l'incongruité, de l'irrévérence, ou du ludique.

Dans la pratique, cela se traduit par un usage réitéré de stratégies visuelles spécifiquement surréalistes. Cartier-Bresson a ainsi régulièrement recours au principe de la libre association. À Martigues, en 1933, par une habile compression de la perspective, il juxtapose l'enfant du monument au gouverneur de l'Indochine à la tête d'un cheval situé en arrière-plan, de telle sorte que cette dernière apparaisse comme le membre en érection du premier. Deux ans plus tard, au Mexique, dans ce qui est l'une des très rares mises en scène du photographe, il demande à son ami Ignacio Aguirre de poser poings serrés, le pantalon déboutonné, au côté d'un amoncellement de chaussures de femmes.

Nombre de ses photographies saisies dans l'instant semblent, par ailleurs, faire écho à la notion d'« explosante fixe », cette catégorie de la « beauté convulsive » définie par Breton : elles révèlent toute l'inquiétante étrangeté du mouvement arrêté. Plus largement, c'est surtout dans ses sujets que Cartier-Bresson est surréaliste. Il multiplie les images d'objets ficelés ou

« J'allais chez Max Jacob, rue Nollet, avec deux copains de lycée et mon Vest-Pocket. J'y rencontre un garçon originaire de Quimper [...] et comme moi je me levais déjà de bonne heure, je l'ai réveillé. Il se trouve qu'il y avait là trois chaussures, je n'ai rien fait. Tout ça c'est le hasard. Je ne crois qu'au hasard. »

Cartier-Bresson à Hervé Guibert, 1985

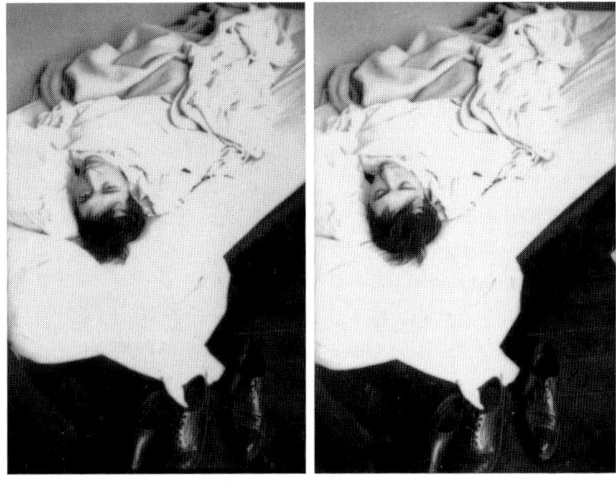

Le garçon en question, c'est Pierre Colle qui, en 1931, organise la première exposition de Dalí à Paris et accueille deux ans plus tard l'exposition des « Objets surréalistes ». Dans ce portrait de 1932, Cartier-Bresson a photographié Colle les yeux ouverts, puis fermés, comme Man Ray le faisait souvent avec les surréalistes.

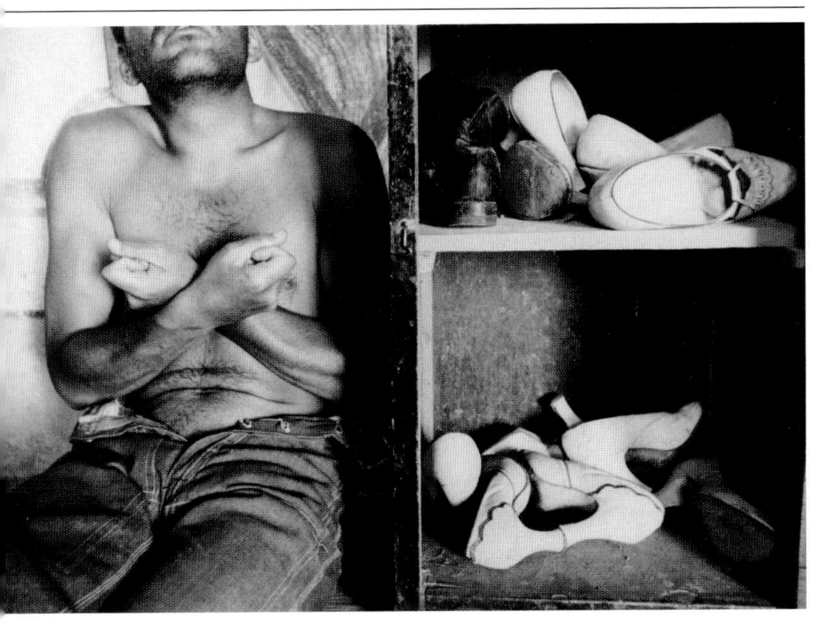

Fétichisme des escarpins aboutés pour former un cœur, convulsion du personnage principal, effet de montage entre les différentes portions de l'image, tout dans cette photographie (ci-dessus), prise à Mexico en 1934, évoque l'esprit du surréalisme.

empaquetés qui rappellent la photographie de Man Ray « L'Énigme d'Isidore Ducasse », publiée, en 1924, dans le premier numéro de *La Révolution surréaliste*. En 1932, il fixe l'image d'un animal évidé se répandant sur un trottoir des abattoirs de la Villette, là où son ami Eli Lotar avait, peu avant, réalisé sa fameuse série pour la revue *Documents* de Georges Bataille. Mannequins, poupées, prostituées, quidams aux yeux clos, dormant, rêvant ou en extase, c'est une bonne part de la mythologie surréaliste qui resurgit dans les photographies de Cartier-Bresson de cette époque.

Premières expositions, premières publications

« L'exposition personnelle semble être le moyen le plus direct pour que le public puisse comprendre et juger une œuvre dans sa continuité. » Cette phrase d'Henri Cartier-Bresson date de 1959, mais il semble que dès le début des années 1930, il ait envisagé l'exposition comme une finalité, ce qui était loin d'être une évidence pour l'époque.

« Toute ma formation a été surréaliste », explique Henri Cartier-Bresson en 1970. Certaines de ses premières photographies, réalisées au début des années 1930, entrent en effet en résonance avec plusieurs images marquantes du surréalisme de la décennie précédente. Une photographie prise en 1932 aux abattoirs de la Villette (page de gauche) rappelle la fameuse série de son ami Eli Lotar réalisée en 1929 sur les mêmes lieux, puis largement publiée dans *Documents*, *Variétés*, ou *Vu*. Une autre image, datant de la même période (ci-contre, en haut), évoque la fameuse photographie de Man Ray, « L'Énigme d'Isidore Ducasse » (en bas), publiée en 1924, sur la première page du premier numéro de *La Révolution surréaliste*. Un tirage de cette photographie de Cartier-Bresson, dédicacé à André Breton, est longtemps resté dans les archives de l'écrivain. Si cette image rappelle l'influence du surréalisme sur le jeune Cartier-Bresson, elle annonce aussi son goût pour le drapé, qu'il célébrera jusqu'à la fin de sa vie, lors de ses voyages en Inde notamment (pages 66 et 67).

En 1933, un peu plus d'un an après qu'il a décidé de devenir photographe, sa première exposition personnelle ouvre à la galerie de Julien Levy, à New York. Dans cette ville où la tendance était alors à la photographie pure, aux images précises et impeccablement tirées de Stieglitz, de Steichen ou de Sheeler, on peut imaginer quel fut le choc produit par les instantanés fortuits de Cartier-Bresson, ces photographies « antigraphiques », comme les rebaptisa Levy, qui laissaient place au hasard, à l'accident, voire au flou. Le photographe Walker Evans ne s'y trompera cependant pas en décrivant Cartier-Bresson comme « l'un des rares innovateurs en photographie ».

Grâce à une autre connaissance, également rencontrée chez les Crosby, Cartier-Bresson exposera encore l'année suivante au Club Ateneo de Madrid. Suivront trois expositions supplémentaires en 1935 : à Mexico, avec Álvarez Bravo, à New York, de nouveau chez Levy, puis à Paris, dans une présentation collective, à la Galerie de la Pléiade. Cinq expositions en trois ans, dans quatre capitales internationales, il est à l'époque peu d'autres photographes qui puissent se vanter d'un tel palmarès. Durant cette même période, Cartier-Bresson commence également à publier ses premières photographies dans la presse illustrée,

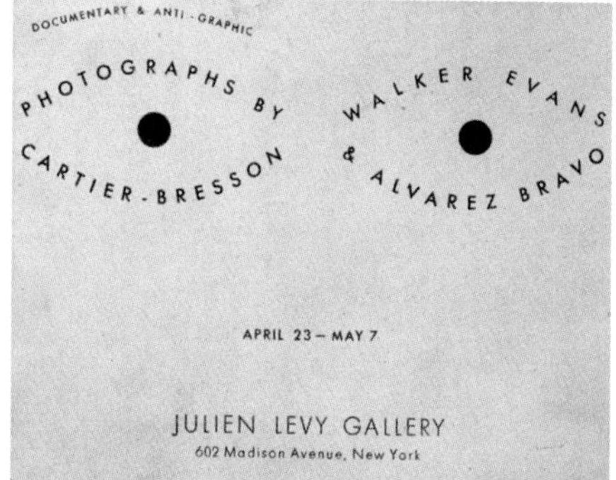

Au printemps de 1935, les photographies d'Henri Cartier-Bresson sont exposées, à quelques mois d'intervalle, au palais des Beaux-Arts de Mexico (ci-contre), puis à la Galerie Julien Levy à New York (ci-dessous). Comme en 1933, lors de leur première exposition chez Levy, les images de Cartier-Bresson sont décrites comme « antigraphiques ». Aujourd'hui, le terme surprend quelque peu, tant le photographe est, au contraire, reconnu pour la qualité graphique de ses compositions. Mais à l'époque, sa spontanéité, son goût pour le hasard, son acceptation du flou et ses tirages peu soignés déroutaient un public qui avait jusqu'alors été habitué à une photographie extrêmement maîtrisée et précisément décrite comme « graphique ».

alors en plein essor. Ses images paraissent autant dans les journaux d'information, *Vu*, *Voilà*, *Regards*, ou *Ce soir*, que dans la presse d'avant-garde, comme *Verve* ou *Arts et Métiers graphiques*. Cela est particulièrement représentatif de l'ambivalence du photographe à l'époque. Pas plus qu'il n'y a pour lui des images destinées à la presse et d'autres aux expositions, Cartier-Bresson ne semble pas distinguer les commandes des cas où il réaliserait un travail plus personnel. En quelque situation que ce soit, il est toujours à l'affût de la bonne image.

“J'ai découvert les photos d'Henri, en 1936, dans *Regards* [ci-dessous, couverture du n° 237 du 28 juillet 1938]. Je n'avais jamais vu une telle liberté. Il n'y avait apparemment pas de composition. Je pense à cette photo de gosses qui se bagarrent avec, au premier plan, une fillette floue qui a reçu une beigne. C'était inimaginable, pour moi, de faire une photo floue ! Mais quel moment magique.”
Willy Ronis,
Le Monde,
29-30 août 2004

Photographie ou cinéma ?

À New York, en 1935, tandis qu'il expose et publie déjà ses images, Henri Cartier-Bresson semble avoir envisagé d'arrêter la photographie pour se consacrer au cinéma. Il s'initie au rudiment du tournage et du montage auprès de Paul Strand et d'un groupe de documentaristes épris de cinéma soviétique qui se réunissent sous l'appellation de Nykino, contraction des initiales de « New York » et de « cinéma » en russe. Convaincu qu'il aura plus de chance de l'autre côté de l'Atlantique pour se lancer dans le cinéma, Cartier-Bresson retourne à Paris. Après avoir été éconduit par Luis Buñuel, puis par Georg Wilhelm Pabst, il se présente à Jean Renoir en lui soumettant un gros

regards
1 F.50
24 pages
PARAIT LE JEUDI
Quand Paris dit son amitié
à l'ANGLETERRE
NOTRE REPORTAGE PHOTOGRAPHIQUE INEDIT

album de toile noire dans lequel il a rassemblé ses meilleures images. Ce dernier lui propose alors d'être son assistant sur *La vie est à nous*, un film de propagande commandé par le Parti communiste français, juste avant les élections de 1936 qui verront la victoire du Front populaire.

La collaboration avec Renoir se prolonge la même année sur *Partie de campagne*, puis, en 1939, lors du tournage de *La Règle du jeu*. Comme l'explique Cartier-Bresson lui-même, être l'assistant de Renoir, c'est être « un peu une bonne à tout faire ». Il repère les lieux de tournage, règle les détails logistiques, trouve les accessoires, participe à la réécriture des dialogues et fait occasionnellement de la figuration. Il apparaît ainsi brièvement dans *Partie de campagne*, comme dans *La Règle du jeu*.

Entre ces deux films, Cartier-Bresson s'est à son tour lancé dans la réalisation. À la fin de 1937, il retrouve ses amis de Nykino pour diriger *Victoire de la vie – Return to Life* dans sa version américaine –, un documentaire sur l'assistance médicale en Espagne. Le film, subventionné par des capitaux américains, est une commande du Bureau médical et du Comité nord-américain d'aide à la démocratie espagnole. C'est un appel militant pour lever des fonds de soutien qui prend clairement parti pour la cause républicaine. L'année suivante, il reconduit l'expérience avec un autre film documentaire, intitulé *L'Espagne vivra*.

Pendant ces années de cinéma, Cartier-Bresson n'a en fait pas réellement abandonné la photographie. Il continue à publier des reportages dans *Regards* ou dans *Le Crapouillot* et accepte même en 1937, juste

« Henri est si honnête et si pur qu'il pourrait approcher Dieu le père et avoir avec lui une conversation sur le plan de la bonne camaraderie. »

Jean Renoir, lettre à Georges Sadoul, 5 mars 1948

après son mariage avec Ratna Mohini, le poste de reporter salarié qu'Aragon lui propose à *Ce soir*, le journal communiste qu'il vient de créer.

Sympathies politiques

Dans les années d'avant-guerre, Henri Cartier-Bresson côtoie le communisme. Nombre de ses proches, René Crevel, Jacques Becker, Louis Aragon, Pierre Unik, Paul Nizan, son ami d'enfance Henri Tracol, son beau-frère Georges Sadoul, sont des militants convaincus. En travaillant pour *Regards* ou *Ce soir*, Cartier-Bresson est lui-même directement affilié à la presse d'extrême gauche. Les sujets de ses reportages, sa participation à *La vie est à nous*, son adhésion à la coopérative Ciné-Liberté, comme son engagement pour l'Espagne républicaine,

Avant qu'il ne réalise son premier film, *Victoire de la vie*, en 1937 (ci-dessous, l'affiche américaine) Cartier-Bresson fut

l'assistant de Jean Renoir. Une photographie (ci-contre) prise en 1936 par Eli Lotar sur le tournage de *Partie de campagne* le montre (à gauche) au côté de Renoir (assis) et de Jacques Becker (à l'arrière-plan). « Jean voulait aussi que ses assistants tiennent des petits rôles de figuration, pour qu'ils sachent ce qu'on éprouve de l'autre côté de la caméra », explique Cartier-Bresson. Il joue ainsi un majordome anglais qui demande avec un accent très prononcé « Voulez-vous me donner la moutarde ? » dans une scène de *La Règle du jeu* (page de gauche, à gauche) ou celui d'un séminariste fasciné par Sylvia Bataille dans *Partie de campagne* (page de gauche, à droite).

Par peur que son patronyme ne vienne rappeler qu'il est issu d'une grande famille d'industriels, Cartier-Bresson signe tous ses reportages « Henri Cartier », comme en témoignent les mentions (ci-dessous et page de droite) figurant au dos de la plupart de ses images de l'époque. C'est le cas de cette photographie (ci-contre), réalisée vers 1937, où sa signature est même directement suivie du sigle de l'Association des écrivains et artistes révolutionnaires.

s'inscrivent dans la ligne idéologique du Parti communiste. Un tirage conservé dans ses archives, qui porte au dos la mention « Photo Cartier AEAR », indique qu'il est alors membre de l'Association des écrivains et artistes révolutionnaires, créée en 1932 par Paul Vaillant-Couturier. Il participe d'ailleurs, en 1935, à une exposition de l'association intitulée « Documents de la vie sociale ».

Si le photographe est incontestablement proche du Parti, il est difficile de dire s'il y a, ou non, adhéré. Ses propos sur le sujet sont contradictoires. Aux interlocuteurs qui lui posaient la question, il a souvent affirmé avoir certes été un compagnon de route du communisme, mais n'avoir jamais pris sa carte. Dans un entretien de 1986, il reconnaît cependant : « Si je suis entré au Parti, c'est par culpabilité. Il fallait être près du peuple et j'avais honte d'être bourgeois. Au Parti, on adhérait religieusement ; cela requérait des certitudes et je me suis aperçu que, tout compte fait, ce n'était pas mon problème. J'allais comme un petit garçon aux réunions de cellule. Ça se passait dans un local rue de la Sourdière, en face de chez Aragon. J'en suis parti sur la pointe des pieds. »

Cartier-Bresson aura en somme eu vis-à-vis du communisme la même attitude qu'avec le surréalisme, ou l'académisme de Lhote : il l'aura un temps côtoyé, sans aveuglement – ce qui n'est pas la

PHOTO
HENRI CARTIER

moindre des qualités pour un photographe –, il en aura retenu le meilleur, puis s'en sera retiré, sur la pointe des pieds, comme il le dit si bien, pour suivre son propre chemin.

Les années de guerre

Dans les mois qui suivent le déclenchement de la Seconde Guerre mondiale, Henri Cartier-Bresson est mobilisé dans le Service cinématographique de la IIIe armée. Il est basé dans l'est de la France, où il filme et photographie les tirs d'artillerie, le bombardement des routes et les mouvements de troupes aux abords de la ligne Maginot. La « drôle de guerre » se termine pour lui le 23 juin 1940, date à laquelle il est fait prisonnier par les Allemands, à Saint-Dié dans les

Au Stalag VA, où son numéro de prisonnier est le 845 (enveloppe de correspondance ci-dessous), Cartier-Bresson est surnommé « Bébé Cadum » par ses compagnons de captivité. Dans un récit publié après guerre, l'un d'entre eux, Raymond Guérin, raconte : « Bébé Cadum avait un crâne énorme, déjà dégarni, en surplomb sur des yeux bleus d'archange et des joues roses d'enfant bouffi. [...] Formé par de nombreux voyages, ayant beaucoup lu et délicatement expert en peinture, Bébé Cadum s'avéra un partenaire subtil. » Le récit que Cartier-Bresson livre de cette expérience est plus dur : « Trois ans de captivité – KG 845 Stalag VA, dans le dos –, faire des travaux manuels, bourrer des traverses de chemin de fer, travailler dans des cimenteries, des usines de vilebrequins, laver la tambouille dans d'énormes casseroles en cuivre, faire les foins. Et tout cela, avec une seule idée en tête : l'évasion. »

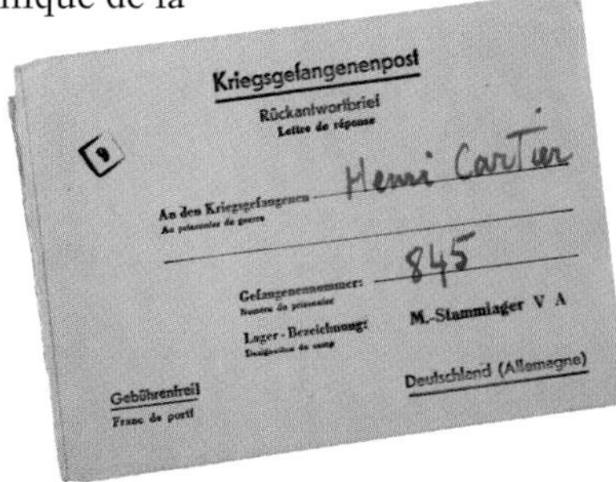
Kriegsgefangenenpost
Rückantwortbrief
Lettre de réponse
An den Kriegsgefangenen Henri Cartier
Au prisonnier de guerre
Gefangenennummer: 845
Numéro du prisonnier
Lager-Bezeichnung: M.-Stammlager V A
Désignation du camp
Deutschland (Allemagne)
Gebührenfrei
Franc de port

Vosges. Il restera près de trois ans en captivité, au Stalag VA de Ludwigsburg, travaillant tour à tour dans une usine d'armement, une cimenterie, une ferme, ou encore chez un équarrisseur.

Sa troisième tentative d'évasion est la bonne ; il regagne la France au printemps de 1943. Muni de faux papiers de rapatriement, il peut reprendre son activité professionnelle, en réalisant, pour les éditions Braun, une série de portraits d'artistes. Sous les faux noms de Barbet, ou d'Allais, il représente le Mouvement national des prisonniers de guerre et déportés au sein des Comités de libération du cinéma et de la photographie de presse. Pendant l'été de 1944, il photographie également les ruines d'Oradour-sur-Glane, puis la libération de Paris. Il accompagne ensuite, en tant que correspondant de guerre, la marche vers l'est des armées alliées. Mais, pour lui, l'expérience la plus marquante du conflit aura incontestablement été sa captivité, puis son évasion. Plus tard, il expliquera volontiers que, « malgré les désagréments », ces trois années de stalag avaient été « utiles [au] jeune bourgeois surréalisant » qu'il était. Et lorsque, à la fin de sa vie, lui soumettant le *Questionnaire*

de Proust, on lui demandera quel avait été son voyage préféré, il répondra sans hésiter : « Ma triple évasion de prisonnier de guerre ». C'est sans doute cette expérience personnelle de privation puis de recouvrement de la liberté qui incitera Cartier-Bresson à consacrer un film aux prisonniers de guerre. Constitué d'images d'archives et de séquences tournées en Allemagne ou en France, *Le Retour* montre, comme son titre l'indique, le rapatriement des prisonniers – toutes catégories confondues selon la volonté politique de l'époque –, depuis leur libération des camps, jusqu'à leur accueil, dans les gares parisiennes, par les familles en liesse.

Après avoir documenté la libération de Paris, en août 1944 (en bas), Cartier-Bresson suit les forces alliées en Allemagne. À Dessau, en avril 1945, il photographie l'interrogatoire d'une indicatrice de la Gestapo (ci-dessus). La même scène, filmée par l'un des opérateurs caméra qui l'accompagnent, figure également dans son film *Le Retour*. C'est à l'occasion de la projection de ce film, en mai 1947, qu'un dessinateur du *Los Angeles Times* imagine une reconstitution hollywoodienne de la propre évasion de Cartier-Bresson.

Double page suivante : un enfant russe photographié par Cartier-Bresson, en avril 1945, dans un camp de personnes déplacées, près de Dessau.

En 1947, tandis que *Le Retour* a déjà été projeté en France et va l'être aux États-Unis, Henri Cartier-Bresson inaugure une rétrospective de ses photographies au MoMA de New York. La même année, il cofonde l'agence Magnum et entreprend un long voyage photographique en Amérique. C'est une année chargée, assez représentative de la polyvalence d'un Cartier-Bresson tout à la fois photographe et cinéaste, artiste et reporter. C'est en même temps une année charnière, où il va décider de se consacrer plus exclusivement au grand reportage.

CHAPITRE 3

HENRI CARTIER-BRESSON GRAND REPORTER

Henri Cartier-Bresson photographié en 1946 sous le pont de Brooklyn, à New York, par Geneviève Naylor (à gauche). Ci-contre, une accréditation de correspondant de presse l'autorisant à photographier en Birmanie et son visa d'entrée en Chine.

“En parcourant l'exposition de photographies du jeune Français Henri Cartier-Bresson, que le Museum of Modern Art vient d'organiser avec beaucoup d'emphase, nous devons constater que les feuilles exposées exercent sur nous une attraction poignante. Le spectateur est saisi comme devant la présentation d'un drame. Un aspect du monde tragique se révèle à lui, dans cette suite d'instantanés fortuits, qui se gravent dans la mémoire et y restent vivants, comme le résonnement de quelques vers profonds ou l'aspect d'un chef-d'œuvre dans un ancien musée.”

Yvan Goll, « La photographie est un art », *France-Amérique*, 16 février 1947

I am deeply interested in your proposal for an exhibition of my photographs. I do have new work to show.

Sincerely,
Henri Cartier-Bresson
Henri Cartier Bresson

Le rêve américain

Pendant l'été de 1945, Henri Cartier-Bresson apprend que le Museum of Modern Art, le croyant mort pendant la guerre, souhaite lui consacrer une exposition posthume. « Je suis très intéressé par votre proposition d'exposition de mes photographies », écrit-il le 22 août 1945, jour de son anniversaire, à Nancy Newhall, la femme de Beaumont Newhall, le conservateur du département des photographies, qui est encore sous les drapeaux. Une exposition d'environ 75 images est envisagée pour l'année suivante. Cartier-Bresson entame alors la relecture d'une dizaine d'années de production. Sur du papier photographique envoyé des États-Unis, la denrée étant alors plutôt rare en Europe, il réalise lui-même plusieurs centaines de petits tirages. C'est avec ce premier choix, bientôt rassemblé dans le fameux *scrapbook*, qu'il débarque au printemps de 1946 à New York, pour finaliser la sélection des images et superviser la réalisation des tirages de l'exposition.

Cette première rétrospective institutionnelle, qui aura lieu de février à avril 1947, et la publication qui

En haut, à gauche, une salle de l'exposition « The Photographs of Henri Cartier-Bresson » au MoMA de New York, du 4 février au 6 avril 1947. Ci-dessus, extrait d'une lettre de Cartier-Bresson du 22 août 1945, répondant à l'invitation de Nancy et Beaumont Newhall à exposer au MoMA.

l'accompagne joueront un rôle capital dans la reconnaissance internationale du photographe. À cette époque, Cartier-Bresson rêve également de faire un livre en duo avec un écrivain, sur le modèle du *Louons maintenant les grands hommes* de James Agee et Walker Evans sorti six ans plus tôt. Par l'intermédiaire de Truman Capote, avec lequel il avait réalisé un reportage à La Nouvelle-Orléans pour le compte de *Harper's Bazaar*, Cartier-Bresson rencontre le jeune poète John Malcolm Brinnin. En avril 1947, les deux hommes entament un long circuit de trois mois à travers les États-Unis qui va les conduire de Baltimore à Los Angeles en passant par Chicago, Memphis et Houston. Ce voyage en automobile de près de 20 000 km est ponctué de visites à William Faulkner, Robert Flaherty, Henry Miller, Frank Lloyd Wright, Jean Renoir et Max Ernst. L'un écrit, l'autre photographie. Mais les deux hommes ne s'entendent guère et le projet commun ne verra jamais le jour. Il faudra attendre près d'un demi-siècle pour que soit réuni en volume le

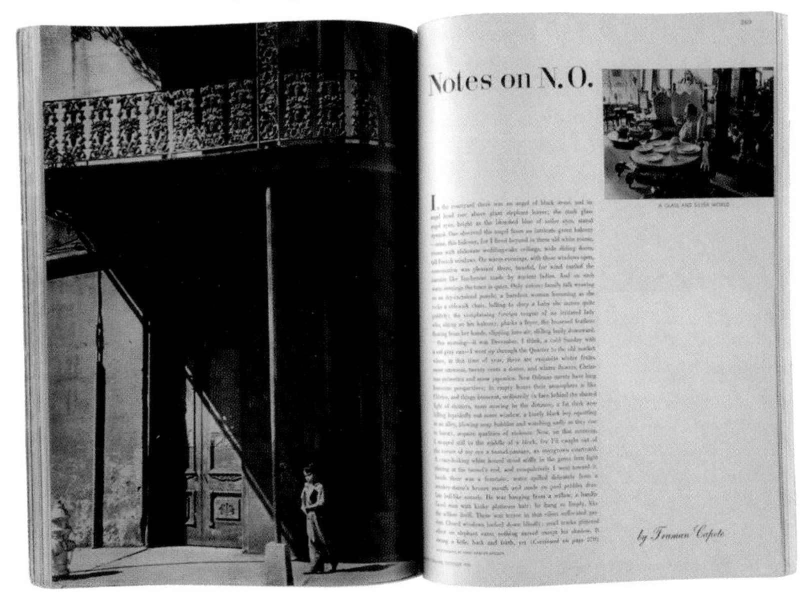

Notes on N.O.

by Truman Capote

« *Harper's Bazaar* était beaucoup plus qu'un magazine de mode, disait Cartier-Bresson. Carmel Snow a découvert Carson McCullers, Truman Capote… Elle ne savait rien, mais devinait tout. Un jour, elle me dit : "Je voudrais une photo de couverture de ce monsieur qui a des joues comme des escalopes, dont le nom finit en « i », et dont vous êtes l'ami". C'était Giacometti. Et puis je suis allé à La Nouvelle-Orléans avec mon ami Capote. »
Ci-dessus le reportage de Cartier-Bresson et Capote sur La Nouvelle-Orléans, publié en octobre 1946.

portrait désabusé des États-Unis que dresse alors Cartier-Bresson et qui, à certains égards, annonce déjà *Les Américains* de Robert Frank.

À partir de 1946, Cartier-Bresson signe désormais ses photographies de son patronyme complet.

❝Je suis devenu photographe professionnel seulement en 1946. Avant, je faisais de la photo, mais je ne savais pas ce que j'allais faire, je pensais toujours faire de la peinture.❞

Photo, sept. 1979

Devenir professionnel

Au premier abord, le périple américain de Cartier-Bresson rappelle ses voyages photographiques des années 1930. Mais par son organisation, sa rationalisation, ou sa ponctuation de visites à quelques grandes figures du monde des arts et des lettres, il n'a plus rien de commun avec les déambulations poétiques, au petit bonheur la chance, de la décennie précédente. L'expérience de la guerre, de la captivité, de la disparition de quelques-uns de ses proches a sans doute été pour beaucoup dans l'évolution de Cartier-Bresson. « Après la guerre, expliquera-t-il plus tard, les préoccupations ont changé avec l'espoir d'un monde différent. » Il s'intéresse désormais moins à « une approche abstraite de la photographie » qu'aux « valeurs humaines ». Il est davantage concerné par le devenir de l'homme. L'évolution de sa pratique photographique en porte la trace. « Avant la guerre, je bricolais, dit-il, c'est seulement après que je suis devenu reporter. » Il n'est désormais plus un amateur dilettante, mais devient un véritable professionnel en optant pour le photojournalisme.

« Si dans mes photographies, il m'arrive rarement de montrer les réalisations humaines – telles que les gratte-ciel, telles que les ponts –, ce n'est pas parce que je ne goûte pas leur beauté et leur grandeur mais tout simplement parce que [...] je m'intéresse davantage à l'homme, à sa place dans la société qu'aux constructions matérielles. »

H. Cartier-Bresson, tapuscrit de 1947 pour un livre sur les États-Unis non publié

CARTIER-BRESSON

Cartier-Bresson a souvent raconté qu'après son exposition au MoMA, Robert Capa lui avait conseillé de ne pas se laisser enfermer sous l'étiquette de « photographe surréaliste ». « Fais ce que tu veux », lui aurait-il dit, « mais fais-le en tant que photojournaliste ». Il semble bien que Cartier-Bresson ait suivi le conseil de Capa. À l'étiquette de « petit surréaliste », il préfère incontestablement celle de « grand reporter ». Ses recherches personnelles, où le hasard se mêle à l'inconscient, ne sont pas complètement abandonnées, mais elles se font désormais sous couvert de photojournalisme. Les pellicules rapportées du voyage américain en témoignent parfaitement. Aux côtés d'images enchantées qui rappellent les petits « miracles instantanés » des années 1930, Cartier-Bresson a pris soin de réaliser des images plus documentaires, comme celles sur la grève des dockers, ou plus circonstanciées, comme les portraits des personnalités visitées.

[Page de gauche, Massachusetts, 4 juillet 1947; en haut, Grève des dockers, 1947; ci-dessus, Robert Flaherty, 1947; double page suivante, Incendie à Hoboken, 1947]

Magnum

En 1947, la participation de Cartier-Bresson à la fondation de l'agence Magnum, aux côtés de Robert Capa, David Seymour, George Rodger et William Vandivert, est un pas de plus vers la professionnalisation. Après quelques réunions de préfiguration au restaurant du Museum of Modern Art de New York, l'agence est inscrite au registre du commerce américain le 22 mai 1947, tandis que Cartier-Bresson a déjà entamé sa traversée des États-Unis. « Magnum Photos, Inc. » est la concrétisation d'un projet qui animait Capa depuis la Guerre d'Espagne et qu'il a d'ailleurs largement élaboré seul avant d'impliquer ses amis. Il repose sur un principe fondamental : le respect des droits du photographe.

Tout d'abord, Magnum est une coopérative. Selon la tradition de l'autogestion communiste, les photographes en sont les propriétaires. Ils ne sont pas assujettis aux ordres d'un employeur, mais sont leur propre patron et prennent toutes les décisions d'orientation en commun. Le principe est censé assurer une plus grande transparence dans le reversement des droits inhérents à la commercialisation des images et de surcroît diminuer les intermédiaires. Plutôt que de

Ci-dessous, quelques photographes de l'agence Magnum, Erich Hartmann, Inge Morath, Ernst Haas, Dennis Stock, Burt Glinn, Eve Arnold et Henri Cartier-Bresson (sur la balançoire), réunis en 1955 lors d'une interview d'Arlene Francis pour l'émission matinale *Home Show* de la chaîne de télévision américaine NBC.

travailler uniquement sur commande, les photographes fixent eux-mêmes leurs objectifs. Ils sont propriétaires de leurs négatifs et peuvent ainsi, non seulement mieux contrôler la diffusion de leurs images, mais aussi décider, à tout moment, de quitter

magnum c'est une éthique, photographique entre autres.

l'agence. Enfin, en exerçant un contrôle assez strict sur le respect des légendes et des cadrages originaux des images, sur les manipulations qui étaient alors monnaie courante, Magnum a, dès ses débuts, contribué à « moraliser » les usages de la photographie par la presse. Par son exigence de qualité, son éthique professionnelle et ses revendications corporatistes, Magnum est rapidement devenue l'une des références mondiales du photojournalisme.

Reporter au long cours

En 1947, les fondateurs de Magnum se sont réparti la responsabilité des différents secteurs géographiques à couvrir : Cartier-Bresson se charge de l'Asie, Rodger de l'Afrique et du Moyen-Orient, Seymour est basé en Europe et Vandivert aux États-Unis. Quant à Capa, il reste mobile, prêt à intervenir sur les terrains de l'actualité la plus brûlante. Le choix de Cartier-Bresson n'est évidemment pas étranger aux origines indonésiennes de sa femme, Ratna. Née à Djakarta, dans une famille musulmane, elle lui sera extrêmement précieuse pour saisir certaines implications culturelles, sociales, ou politiques de ce qu'il voit et photographie.

« J'aime bien écrire court, vite, trois mots... le haïku », disait Cartier-Bresson. Les nombreuses notes manuscrites qu'il a laissées, comme celle sur l'agence Magnum reproduite ci-contre, en témoignent.

Ci-dessous, sa carte de visite lors d'un de ses reportages en Chine : un côté est en français, l'autre en chinois. On peut y lire son nom, sa qualité de reporter photographe et son contact « au bon soin du Consulat de France à Shanghai ».

攝影記者
葛百昇
通訊處：上海法國領事館轉交

HENRI CARTIER-BRESSON
MAGNUM PHOTOS.
125 FAUBOURG ST. HONORE PARIS
55 W. 45 STREET NEW YORK
185 HIGH HOLBORN LONDON

Tous deux arrivent à Bombay à la fin de l'année 1947, peu après la déclaration d'indépendance, à un moment où la partition de l'Inde et du Pakistan exacerbe les tensions intercommunautaires. Grâce à leurs relations, les Cartier-Bresson obtiennent une audience auprès de Gandhi le 30 janvier 1948. Le photographe a souvent raconté qu'en feuilletant son catalogue du MoMA, Gandhi s'était arrêté sur un portrait de Paul Claudel près d'un corbillard et, après avoir demandé la signification de l'image, s'était exclamé: « La mort, la mort, la mort! » Moins d'une heure plus tard, il était assassiné par un extrémiste hindou. Les photographies de Cartier-Bresson sont les dernières du Mahatma vivant.

Dans les jours qui suivent, Cartier-Bresson couvre les funérailles comme Margaret Bourke-White ou d'autres reporters présents sur les lieux. D'une manière extrêmement réfléchie, en construisant son reportage sur un enchaînement fluide de moments marquants, il enregistre les différentes phases des cérémonies, depuis la crémation jusqu'à la dispersion des cendres dans le Gange. À la différence de son reportage sur le couronnement de George VI en 1937, où il s'était détourné du cortège royal pour photographier les regards de la foule, Cartier-Bresson fixe ici le cœur de l'événement. Il n'est désormais plus un photographe surréalisant et quelque peu provocateur, mais bien un photojournaliste répondant aux exigences de l'information. Les grands journaux internationaux, apprenant qu'il est sur place, se disputeront l'exclusivité de son reportage. Ses images seront vendues au plus offrant et feront le tour du monde.

Cartier-Bresson se rend à deux reprises à Birla House, la maison de Gandhi (ci-dessous): le 29 janvier 1948, il réalise un certain nombre de portraits, puis le lendemain, jour de l'assassinat du leader, il a un entretien, mais ne semble pas avoir pris de photographies. Vingt minutes après cette rencontre, raconte le photographe, « j'entendis de tous côtés les cris de la foule annonçant qu'il venait de se faire assassiner. À partir de cet instant, tout se déroula pour moi, dans une bousculade et une frénésie totales ».

Dans la soirée du 30 janvier 1948, tandis que la foule commence à s'amasser devant Birla House, Cartier-Bresson photographie l'annonce, par Nehru, de l'assassinat de Gandhi (ci-dessus). Ses photographies sont publiées avec celles de Margaret Bourke-White en février 1948 dans *Life* (ci-contre).

Doubles pages suivantes : Pendjab, 1947 (p. 66, en haut) ; au Cachemire, des femmes musulmanes prient face au soleil levant, 1948 (p. 66, en bas) ; un camp de réfugiés pour 300 000 personnes au Pendjab, Kurukshestra, 1947 (p. 67) ; astrologue, Bombay, 1947 (p. 68-69).

D'une Chine à l'autre

En Inde et en Insulinde, où il demeure plus d'un an, Cartier-Bresson photographie également le Cachemire et le Pendjab, Java et Ceylan. Dans l'île de Bali, il fixe les transes des danses rituelles. Alors qu'il est en Birmanie depuis quelques mois, *Life* lui demande de se rendre en Chine.

ARE LAL

GREAT CARE OF ALL
SARTS OF DISEASES
WITH OUT MEDICINE OR
TROUBLES & PAINS WH-
ICH MAY BE AILING YOU.
IF YOU ARE OVER COME-
D BY JADU OR BHOOT, PALIT.
IF YOU ARE OUT OF EMP-
LOYMENT OR BUSINESS
GO SLACK & NOT SHO
WING ANY PROFIT.
CHILDREN DO NOT LIVE
YOUR HEART. BESIDES

Dans la guerre civile qui fait rage depuis trois années, l'armée de Tchang Kaï-chek est en train de perdre du terrain face aux troupes de Mao Tsé-toung. À la fin de l'année 1948, Cartier-Bresson est à Pékin. Il enregistre minutieusement l'effondrement de la Chine impérialiste et les prémices de l'ère communiste. Pékin, Hong Kong, Shanghai, Nankin, Cartier-Bresson est partout. À Nankin, il fixe l'image de la dernière séance du Parlement nationaliste. Sur le Yang Tsé-kiang, il assiste au passage du fleuve par les troupes communistes. À Shanghai, il est le témoin du départ des Européens.

C'est là, également, qu'en décembre 1948 il photographie aux abords des banques la

« Cartier-Bresson me paraissait évoluer comme un danseur ou un acrobate, comparé à la raideur de pilier de rugby qui caractérisait généralement les photographes de presse américains », expliquait Jim Burke, le correspondant de *Life*, à Pekin. À la fin de l'année 1948, il assiste Cartier-Bresson dans son reportage sur l'effondrement de la Chine nationaliste et réalisa quelques photographies de lui, en train de travailler. Sur l'une d'elles (ci-contre), on peut voir Cartier-Bresson s'approcher d'un vieil homme en costume traditionnel cherchant désespérément son fils parmi les nouvelles recrues de l'armée impériale (ci-dessus, la photographie réalisée alors par Cartier-Bresson).

panique de ceux qui, devant l'inflation galopante, veulent récupérer leur or. « La ruée vers l'or », son image la plus fameuse de l'époque, ne serait qu'un clin d'œil aux films de Charlie Chaplin, s'il n'avait conscience de la gravité de la situation : plusieurs personnes trouveront la mort dans ces mouvements de foule incontrôlés. D'une grande rigueur formelle et d'une belle efficacité documentaire, cette image sera publiée le 29 mars 1949 dans le premier numéro d'un tout nouveau magazine illustré : *Paris Match*. Grâce à l'efficacité des agents de Magnum, elle sera ensuite reprise dans de nombreux autres hebdomadaires internationaux. C'est pendant ces premières années en Asie, où il se consacre majoritairement au reportage, que Cartier-Bresson acquiert son savoir, faire de photojournaliste et devient un véritable professionnel.

Le voyage en URSS

Le 5 mars 1953, Staline meurt. Anticipant le « dégel » de l'après-guerre froide et le désir d'ouverture du nouveau régime, Cartier-Bresson demande un visa à

"Shanghai. Décembre 1948 [ci-dessus]. La ruée vers l'or. Devant les banques du Bund, des queues formidables se sont établies [...]. Une dizaine de personnes devaient périr dans les bousculades. Le Kuomintang avait décidé de répartir certaines réserves d'or, à 40 grammes par tête. Certaines personnes attendirent plus de 24 heures pour tenter d'échanger leurs billets. L'ordre était mollement assuré par une police dont les équipements disparates provenaient des diverses armées qui s'étaient, depuis quinze ans, intéressées à la Chine."

H. Cartier-Bresson,
D'une Chine à l'autre,
1954

l'ambassade d'URSS. Après plusieurs mois d'attente, et grâce à l'intervention de Sergueï Youtkevitch, un réalisateur soviétique rencontré au Festival de Cannes qui montre *Images à la sauvette* aux autorités du Kremlin, Cartier-Bresson est finalement autorisé à se rendre en URSS en juillet 1954.

Accompagné d'un interprète, qui est aussi chargé de contrôler ce qu'il photographie, il accumule les images en se focalisant prioritairement sur l'activité humaine. « J'ai essayé de saisir une image directe du peuple de Moscou dans sa vie journalière et dans ses relations humaines », explique-t-il à son retour. Dans la capitale, il photographie le flot des ouvriers au retour du travail, les passagers du métro, la file des pèlerins devant le mausolée de Lénine, les visiteurs de la galerie Tretiakov, les écoliers en uniforme, ou la parade des athlètes. Poursuivant son voyage, il se rend également en Géorgie, en Ouzbékistan et dans le Caucase. Il visite des kolkhozes et photographie les camps de vacances sur les bords de la Baltique.

L'Occident réclame des images de ce pays qui a été, pendant de si nombreuses années, fermé à tous

En juillet 1954, Cartier-Bresson photographie les athlètes soviétiques qui, comme chaque année, se réunissent au stade Dynamo pour célébrer la Journée du sport. Plusieurs semaines avant la publication, *Paris Match* annonce : « Cartier-Bresson, le plus fameux reporter-photographe du monde, revient d'URSS avec un témoignage tel qu'il n'en avait jamais été recueilli. » Après publication, les témoignages des lecteurs sont enthousiastes : « Le reportage photographique de votre collaborateur [...] sur le peuple russe [...] est une des plus sensationnelles productions de votre remarquable hebdomadaire. »

regards étrangers. Cartier-Bresson, qui est le premier reporter de cette envergure à passer la frontière après la mort de Staline, est bien déterminé à satisfaire cette légitime curiosité. En 10 semaines, il réalise près de 10 000 images. À grand renfort d'annonces publicitaires, ses photographies seront publiées conjointement par *Paris Match* et par *Life*, en deux livraisons successives d'une trentaine d'images chacune, en janvier et février 1955. La version américaine du reportage est éminemment plus critique, elle souligne le manque de choix dans les magasins, l'obligation pour les écoliers de porter un uniforme, ou de glorifier les héros de la révolution. Publiées dans le monde entier, ces photographies, pour lesquelles *Life* paya un tarif jusqu'alors jamais atteint, rapportèrent une belle somme à Magnum.

Sans doute pour échapper à la surveillance de ses accompagnateurs, Cartier-Bresson photographie de l'intérieur d'une voiture une file d'attente devant un magasin de Moscou. Lors de la publication du reportage en février 1955, les rédacteurs de *Life* insistent particulièrement sur cette pénurie. « De nouvelles modes, mais peu de choix pour les clients », dit une légende.

Commandes et portraits

Cartier-Bresson entretenait un rapport ambigu avec la commande photographique. En privé, il déclarait volontiers que son goût trop prononcé pour la liberté lui rendait insupportable l'idée d'être commandé. Mais, se référant aux artistes de la Renaissance, il disait aussi que « les grands artistes du passé étaient parfaitement capables de la plus grande liberté bien que travaillant exclusivement à la commande, si ce n'est au service de quelqu'un ». Quoi qu'il en dise, il s'est, en tout cas, parfois plié à l'exercice, pour des banques ou des entreprises comme IBM et Bankers Trust. Nombre de ses reportages ont également été réalisés à la demande d'un éditeur ou d'un rédacteur en chef.

LIFE
THE PEOPLE OF RUSSIA
PHOTOS BY CARTIER-BRESSON
BRITAIN BOUNCES BACK
MILITARY APPRAISAL
AT MOSCOW TROLLEY STOP
® REG. U. S. PAT. OFF.
AUSTRIA..................6 SCHILLING
BELGIUM..................12 FRANCS
DENMARK..................1 KRONE 75 ØRE
FINLAND..................60 FINMARKS
FRANCE..................85 FRANCS
GERMANY..................1.25 DEUTSCHE MARK
GREECE..................8 DRACHMAI
ICELAND..................4 KRONUR
IRELAND..................1/9
ITALY..................150 LIRE
LUXEMBOURG..................12 FRANCS
NETHERLANDS..................95 CENT
NORWAY..................1 KRONE 75 ØRE
PORTUGAL..................7 ESCUDOS
SPAIN..................12 PESETAS
SWEDEN..................1 KRONA 25 ÖRE
SWITZERLAND.....1 FRANC 10 CENTIMES
U.S. ARMED FORCES..................20 CENTS
VIET-NAM..................13 PIASTRES
YUGOSLAVIA..................75 DINARS
FEBRUARY 7, 1955
INTERNATIONAL EDITION

« Évaluation militaire » : le titre qui, sur la couverture de *Life* du 7 février 1955 (page de gauche), accompagne la photographie de Cartier-Bresson de deux jeunes femmes à Moscou, ne se moque pas seulement de l'Armée rouge, par une métaphore douteuse sur ses stratégies d'approche, mais il insiste aussi sur la présence des soldats dans les rues de la capitale. Dans la version française du reportage (*Paris Match*, ci-contre, en bas), il est surtout question du commerçant à l'arrière-plan : « Deux jeunes filles moscovites attendent leur tramway. Au fond à gauche, un marchand de glaces ambulant. Organisés en coopératives, les marchands de glaces ont tous la même voiture à pneus et utilisent les mêmes bouteilles d'air comprimé. »
Le marchand ambulant a presque disparu de la couverture du *Stern* (ci-contre, en haut), caché par le logo du magazine qui, lui, insiste sur ces « photographies que personne n'a encore jamais vues en Occident ». Trois usages sensiblement différents d'une même image qui montrent bien combien il est facile, par l'adjonction d'une simple légende, d'orienter sa lecture.

La reproduction complète de ce reportage de Cartier-Bresson sur Cuba publié dans *Life* en 1963 montre bien le travail de mise en page, les jeux d'échelle ou de confrontation des photographies, leur rapport au texte, c'est-à-dire la construction du récit en images. C'est par ailleurs l'un des rares reportages pour lesquels Cartier-Bresson a aussi écrit un article.

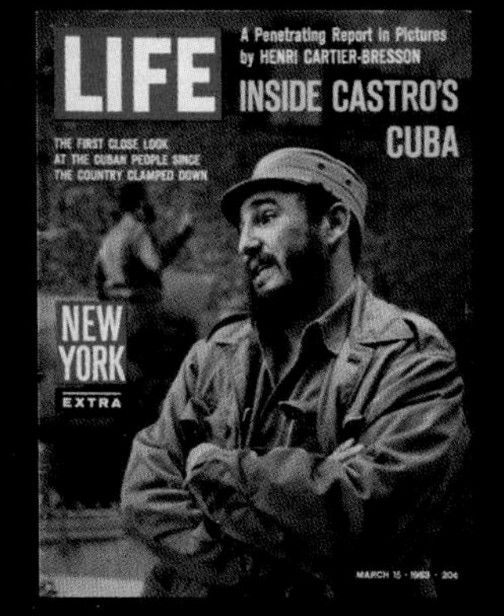

A famous photographer inspects Communism's Wes

Photographed for LIFE by HENRI CARTIER-BRESSON

THIS IS CAST

COMMITTEES CALL THE TUNE, 'VOLUNTEERS' DANCE TO IT

RESTLESS FIDEL IS STILL TH

LIFE

A SEEN FACE TO FACE

De même, la plupart de ses portraits de personnalités, d'artistes ou d'écrivains sont des commandes. Cartier-Bresson commence à s'intéresser au portrait peu après son retour de captivité. Pour le compte des éditions Braun, qui veulent publier une série de petits ouvrages monographiques, il photographie Bonnard, Braque, Picasso et Matisse. À la même époque, il réalise également le portrait d'écrivains comme Eluard, Valéry, Camus, ou Sartre. Il opère à peu près toujours de la même manière. Il se familiarise tout d'abord avec l'œuvre, puis pénètre dans l'intimité de son sujet. Sur place, il se fait discret, opère à l'économie, de gestes comme de moyens : rarement plus d'une pellicule par portrait. La durée de la séance est variable. Chez Irène et Frédéric Joliot-Curie, il n'a pas fini d'ouvrir la porte qu'il a déjà trouvé ce qu'il cherchait. Ils sont là comme deux statues pétrifiées, tout engoncés dans leur austérité, attendant le photographe comme le Jugement dernier. Avec Ezra Pound, c'est beaucoup plus long, il reste près d'une heure, accroupi devant le poète, en silence.

Presque jusqu'à la fin de sa vie, et même après avoir officiellement arrêté la photographie, Cartier-Bresson pratiquera le portrait. À en croire ses propres mots, c'est un exercice laborieux, mais qu'il affectionne particulièrement : « Faire un portrait est pour moi la chose la plus difficile. C'est très difficile. C'est un point d'interrogation posé sur quelqu'un. »

“Avec Ezra Pound [ci-dessus, en 1971], je suis resté là pendant au moins une heure et demie dans le plus grand silence. On se regardait dans les yeux et j'ai peut-être pris, en tout [...] six photographies en une heure et demie. Et pas de gêne du tout.”

H. Cartier-Bresson, lors d'une conférence à l'International Center of Photography, New York, 1973

Des livres de photographe

En répondant aux commandes des magazines, Henri Cartier-Bresson avait bien conscience qu'une partie du travail de sélection des photographies et toute l'organisation en séquences signifiantes échappaient à son contrôle. C'est à travers une métaphore littéraire qu'il exprime alors le sentiment d'être, d'une certaine manière, dépossédé de ses images : « Les mots sont ceux du photographe, mais la phrase est celle du magazine. » Cela explique pourquoi Cartier-Bresson cherchera très tôt, à une époque où la chose n'était pas encore courante, à faire des livres de photographe – à l'instar des livres d'artiste.

Si, en faisant un portrait
n espère saisir le silence
ntérieur d'une victime
onsentante, il est très
ifficile de lui introduire
ntre la chemise et la
eau un appareil photo-
raphique.
Quant au portrait au
crayon, c'est au dessina-
teur d'avoir un silence
intérieur. —

« Cette sorte de lutte qu'est un portrait est pour moi une chose très difficile, presque un duel qui ne doit pas blesser. »

H. Cartier-Bresson, note manuscrite, 2 nov. 1994

Ci-dessus, Sartre, Paris, 1946 ; doubles pages suivantes : Pierre Bonnard, Le Cannet, 1944 (p. 80) ; Colette et sa nurse Pauline, Paris, (p. 81) ; Truman Capote, La Nouvelle-Orléans, 1947 (p. 82) ; Alberto Giacometti, Paris, 1961 (p. 84) ; Irène et Frédéric Joliot-Curie, Paris, 1944 (p. 85).

En 1947, à peine vient-il de publier son premier ouvrage avec le MoMA, qu'il envisage déjà d'en réaliser un second, sous une forme plus littéraire, avec l'écrivain américain John Malcolm Brinnin. L'année suivante, à l'issue d'un reportage en Inde, il publie *Beautiful Jaipur*. Une photographie le représentant en train de montrer son livre à Matisse laisse deviner combien il en était fier. C'est d'ailleurs Matisse qui dessine, trois ans plus tard, la couverture d'*Images à la sauvette*, le premier grand livre d'Henri

Cartier-Bresson et sans doute son plus important. À son retour d'Inde, le photographe a en effet revu Tériade qui, avant la guerre, avait déjà publié plusieurs de ses instantanés dans *Verve*. Tous deux conviennent de réunir, en un grand album bien imprimé, les meilleures photographies réalisées par Cartier-Bresson depuis le début des années 1930. Constitué de 126 images, le recueil paraît en 1952, en même

« Avec les Joliot (page précédente), il y avait un panneau sur la porte « Ouvrez sans sonner ». J'ai ouvert la porte et voilà ce que j'ai vu. J'ai tiré avant de les saluer. »

H. Cartier-Bresson,
note manuscrite,
2 nov. 1994

En 1948, Hélène Adant, la cousine de Lydia Delectorskaya qui fut la modèle et l'assistante de Matisse, photographie Cartier-Bresson lors d'une de ses visites au peintre, tandis qu'il lui montre son dernier livre, *Beautiful Jaipur* (ci-contre). En 1952, le photographe réalise le livre qui le rendra célèbre : *Images à la sauvette* (page de droite). Il est publié par Tériade qui dirige alors les éditions Verve et sera repris la même année aux États-Unis, sous le titre *The Decisive Moment*, par Simon & Schuster. Sa jaquette est une composition en papiers découpés de Matisse.

temps qu'une version américaine éditée par Simon & Schuster. Il est introduit par un texte arraché au photographe qui deviendra bientôt un « morceau d'anthologie ».
La collaboration se poursuit trois ans plus tard avec la publication d'un ouvrage consacré aux Européens, qui est, cette fois-ci, agrémenté d'une couverture de Miró.

À peu près à la même époque, Cartier-Bresson rencontre Robert Delpire, qui édite alors *Neuf*, une revue d'art destinée aux médecins. C'est le début d'une féconde association qui, en près d'un demi-siècle, produira une dizaine de livres, parmi lesquels : *Les Danses à Bali* (1954), *D'une Chine à l'autre* (1954), *Moscou* (1955), *Flagrants Délits* (1968), *Henri Cartier-Bresson photographe* (1979), jusqu'au plus récent, *Des images et des mots* (2003). Comme Delpire l'expliquait lui-même, le principe de collaboration était simple : « Sur ce qui relève de la mise en forme, du graphisme, de la séquence, du montage, la décision finale m'appartient. Mais pour ce qui est du choix des photographies qui composent un tout, c'est bien évidemment Henri, l'auteur, qui décide. »

Il est difficile d'expliquer pourquoi et comment une photographie devient une icône. Celle de Cartier-Bresson représentant deux hommes regardant à travers une palissade, à Bruxelles en 1932, est devenue l'une des images les plus célèbres du photographe et, en tout cas, la plus reproduite sur les monographies qui lui ont été consacrées.

« Photographier… c'est mettre sur la même ligne de mire la tête, l'œil et le cœur. » Dès les années 1950, puis surtout dans les décennies suivantes, à travers quelques interviews, textes, ou notes, Henri Cartier-Bresson formule sa conception de la photographie en une série de formules aussi concises et précises que ses « instants décisifs ». Ce sont ces grands principes éthiques tout autant qu'esthétiques qui fondent le style Cartier-Bresson.

CHAPITRE 4

L'ESTHÉTIQUE DE L'ŒUVRE

Le photographe photographié (page de gauche) : Henri Cartier-Bresson, à Paris, en 1961, vu par un excellent portraitiste, le photographe américain Dan Budnik. Ci-contre, l'un des tout premiers appareils Leica utilisés par Cartier-Bresson et aujourd'hui conservé dans les archives de la fondation HCB.

Le choix d'une technique : le Leica

Le nom d'Henri Cartier-Bresson est associé à celui d'un appareil : le Leica. Imaginé en 1913 par Oskar Barnack, pour le compte de la firme Leitz, puis commercialisé à partir de 1925, le Leica s'inscrit dans la généalogie des appareils de type « détective », ainsi dénommés parce qu'ils sont discrets, légers, maniables et permettent de photographier sans se faire remarquer. Équipé d'une optique de grande précision, adapté à un format de film cinématographique (35 mm) qui permet de réaliser une bande d'une trentaine de vues sans avoir à recharger, le Leica deviendra, dès les années 1930, puis surtout après la guerre, l'appareil préféré des reporters opérant en situation d'urgence.

À ses tout débuts, Cartier-Bresson essaie différents types d'appareils, un boîtier à plaque de verre de format 9x12, un Krauss, ainsi qu'un Rolleiflex. C'est à Marseille, en 1932, qu'il achète son premier Leica. Il a, dès lors, trouvé son instrument. L'appareil correspond parfaitement à son rapport au monde, à son mode de vision, aux formes de « beauté convulsive » qu'il recherche. « Mon Leica m'a dit que la vie est immédiate et fulgurante », écrit-il. La maniabilité et la discrétion de l'appareil lui offrent la possibilité de fixer ce qui l'intéresse visuellement, sans que son geste ne vienne en rien perturber, ni modifier, la scène observée.

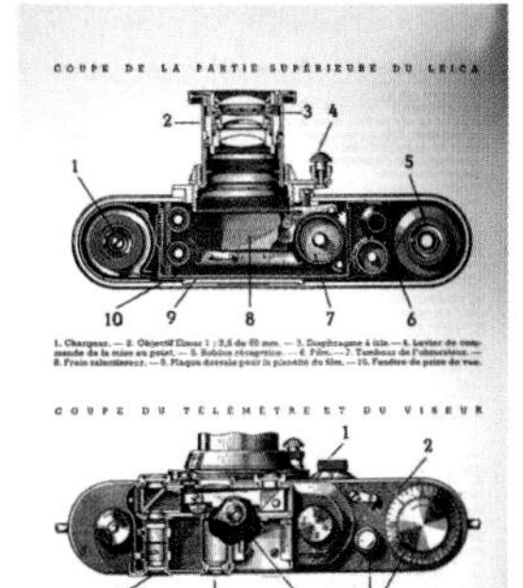

En général associé à un objectif de 50 mm, le plus proche de la vue humaine, même s'il est visible, sur les images, qu'il a parfois utilisé le grand-angle ou le téléobjectif,

« Je n'ai jamais abandonné le Leica, chaque essai différent m'y a toujours ramené. [...] Pour moi, il est *la* caméra. Il constitue littéralement le prolongement optique de mon œil... Sa tenue en main, serré contre mon front, son « seing » quand je balance le regard d'un côté ou de l'autre, me donne l'impression d'être arbitre dans le match qui se déroule devant moi, dont je vais saisir le climat au centième de seconde. »

H. Cartier-Bresson, *Photo France*, mai 1951

« C'est Saül Steinberg qui m'a offert cette œuvre, un objet magnifique de son invention : un appareil photo formé d'un bloc de bois, une charnière simulant le viseur, un gros écrou simulant l'objectif. [...] Cela me rend tout aussi heureux de faire semblant de photographier avec ce faux Leica qu'avec un vrai. »

H. Cartier-Bresson, *Le Monde*, 5 sept. 1974

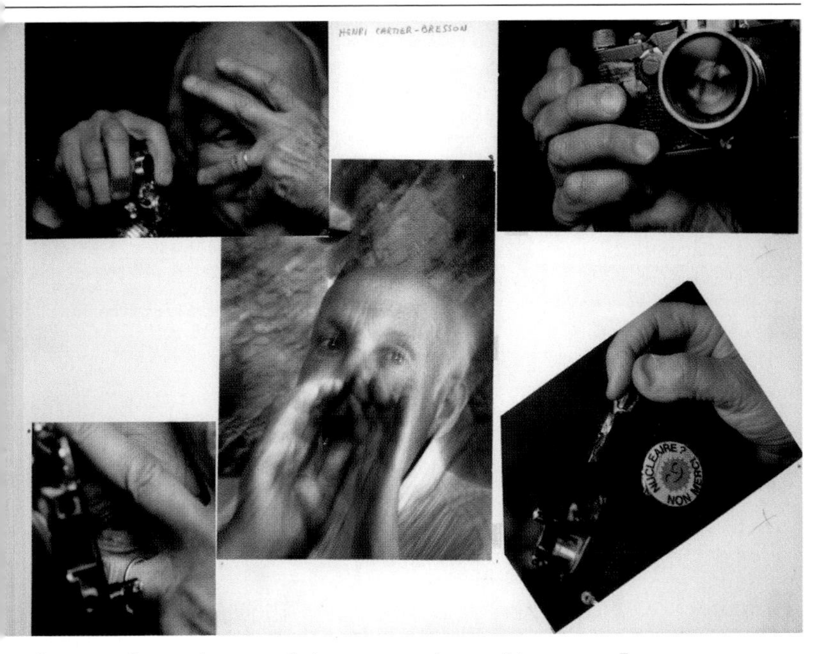

le Leica deviendra pour lui une sorte de prothèse permettant d'enregistrer en un clin d'œil ce qui s'offre à lui : un véritable carnet de croquis instantané. « J'avais découvert le Leica ; il est devenu le prolongement de mon œil et ne me quitte plus », écrit-il en 1952. Dans un article de la même année, le photographe Philippe Halsman raconte en effet que, après avoir passé une soirée à discuter avec Cartier-Bresson, ils avaient décidé peu avant minuit d'aller prendre un verre au café du coin : « J'ai vu Cartier-Bresson prendre son appareil et lui ai demandé "tu comptes prendre des photos ?" "Non", m'a-t-il répondu, "mais je ne me sépare jamais de mon Leica". »

Noir et blanc *versus* couleur

Fervent défenseur de la pellicule noir et blanc, Cartier-Bresson a toujours affiché son peu d'affection pour la photographie couleur. « Je considère qu'il est pratiquement impossible de faire

« La photo qui m'émeut commence avec l'instantané : ce sont les photographies de Lartigue. [...] Ses premières photos ! C'est éblouissant, la joie... l'innocence », expliquait Cartier-Bresson dans un entretien au *Figaro* de 1989. Outre la photographie, les deux hommes partageaient un semblable goût pour la vie, la vivacité et l'espièglerie comme en témoignent ces images réalisées par Lartigue en juillet 1979. Cartier-Bresson y manie son Leica avec une très grande souplesse, comme s'il était devenu la prolongation naturelle de son avant-bras.

Entre 1954 et 1955, la revue suisse *Camera* a publié quelques-unes des rares couvertures en couleur de Cartier-Bresson (ci-contre, le numéro du 10 octobre 1955).

de bonnes couleurs », écrit-il dans les années 1950. La technologie photographique de l'époque ne permet guère, selon lui, d'obtenir autre chose que des couleurs criardes de cartes postales. Elle est encore très loin de rendre les nuances subtiles de la peinture. « La couleur, en photographie, note-t-il, est basée sur un prisme élémentaire et, pour l'instant, il ne peut en être autrement, car on n'a pas trouvé les procédés chimiques qui permettraient la décomposition et recomposition si complexe de la couleur (en pastel par exemple, la gamme des verts comporte trois cent soixante-quinze nuances !). Pour moi, la couleur est un moyen très important d'information, mais très limité sur le plan de la reproduction, qui reste chimique et non

❝La couleur, pour moi, est le domaine réservé de la peinture. J'ai photographié en couleur la Chine et la Seine pour *Paris Match*, *Life* et *Stern*, et la France pour Robert Laffont. [...] Ma seule bonne photo couleur est parue en couverture de *Camera*, lors de mon exposition au pavillon de Marsan, en 1954, mais elle n'avait aucun sens, je tombais dans l'esthétisme [...]. L'émotion, je la trouve dans le noir et blanc : il transpose, il est une abstraction, il n'est pas « normal ». La réalité est un déluge chaotique et, dans cette réalité, on doit effectuer un choix qui rassemble de façon équilibrée le fond et la forme ; alors, s'il faut en plus se préoccuper de la couleur ! Et puis, les couleurs « naturelles », cela ne veut rien dire. Vision émasculée, la photo en couleur n'enchante que les marchands et les magazines.❞

H. Cartier-Bresson, interview au *Monde*, septembre 1974

transcendantale, intuitive comme en peinture. À la différence du noir donnant la gamme la plus complexe, la couleur, par contre, n'offre qu'une gamme tout à fait fragmentaire. » Les émulsions couleur ont un autre inconvénient, elles sont moins sensibles et ne permettent pas, par conséquent, de photographier des sujets trop rapides. Le choix de la couleur, en photographie, se fait donc, selon ses propres mots, « au détriment de la vie et du mouvement simple que l'on saisit parfois en noir et blanc ».

Malgré ces prises de position assez radicales, Cartier-Bresson a régulièrement pratiqué la couleur, à la demande des magazines. Dès 1950, *Paris Match*, *Life*, *The Queen* reproduisent en quadrichromie, parfois en couverture, ses reportages sur l'Indonésie, la Chine, ou les berges de la Seine. À la fin des années 1960, il réalise encore quelques photographies couleur au cours de sa grande enquête sur le territoire français qui donnera lieu à la publication, avec l'écrivain François Nourissier, d'un livre intitulé *Vive la France*. « C'était par nécessité professionnelle, expliquera-t-il plus tard, pas une compromission, mais une concession. »

Ci-dessous, une photographie publiée en 1970, dans *Vive la France*; en bas, double page de *Life* du 5 janvier 1959, avec un reportage d'Henri Cartier-Bresson sur la Chine, en noir et blanc et en couleur.

L'art de l'éclipse

Le choix quasi exclusif d'Henri Cartier-Bresson pour le Leica, ou pour la pellicule noir et blanc, a parfois passé pour un caprice d'artiste. Il n'en est

évidemment rien. Il correspond pleinement au rapport que le photographe souhaitait instaurer avec son sujet. Cette relation est principalement fondée sur la mobilité et la discrétion. Pour Cartier-Bresson, il s'agit, en effet, de « saisir dans le mouvement l'équilibre expressif ». Son sujet est rarement statique, il bouge, évolue, se transforme, tandis que le photographe tourne autour de lui jusqu'à ce qu'il ait trouvé l'ordonnancement formel le plus significatif. Entre les deux s'établit une sorte de chorégraphie qui a beaucoup frappé les observateurs accompagnant Cartier-Bresson. « Je me souviens, écrit Truman Capote, de ce jour où j'ai pu l'observer en plein travail dans une rue de La Nouvelle-Orléans, dansant tout le long du trottoir comme une libellule inquiète, trois gros Leica se balançant sur leurs courroies autour de son cou, le quatrième rivé sur l'œil. »

Le choix d'un appareil de petit format, léger et maniable, ou d'une émulsion permettant d'opérer rapidement, loin d'être une simple coquetterie de style, est donc la condition d'une parfaite souplesse de mouvements. La relation du photographe au photographié est également fondée sur un principe de discrétion. Cartier-Bresson cherche à fixer des choses vues dans l'instant, sans que sa présence ne fasse réagir son sujet, ou ne vienne modifier l'organisation formelle perçue. Comme il l'explique lui-même, il s'agit « d'approcher le sujet à pas de loup […]. Faire patte de velours, mais avoir l'œil aigu. Pas de bousculades ; on ne fouette pas l'eau avant de pêcher ». Le flash est donc exclu. Il convient de se faire le plus imperceptible possible. « L'attitude première de Henri, explique son ami Claude Roy,

“Henri, cet écorché vif vol-images, est, finalement (si tendu-attentif et si justement orgueilleux qu'il soit), quelqu'un qui s'oublie, s'efface. […] J'ai regardé Henri « opérer » dans les rues de New York, de Paris. Nous bavardions. Soudain, un « clic » furtif. Il avait vu. Il avait pris. Le sujet n'y avait vu que du feu. Feu follet un peu foudre, Henri Cartier-Bresson, c'est en même temps, l'arc et la flèche, et le plus court chemin d'une sensibilité à un reflet.”

Claude Roy, « H. Cartier-Bresson », *L'Étonnement du voyageur*, 1990

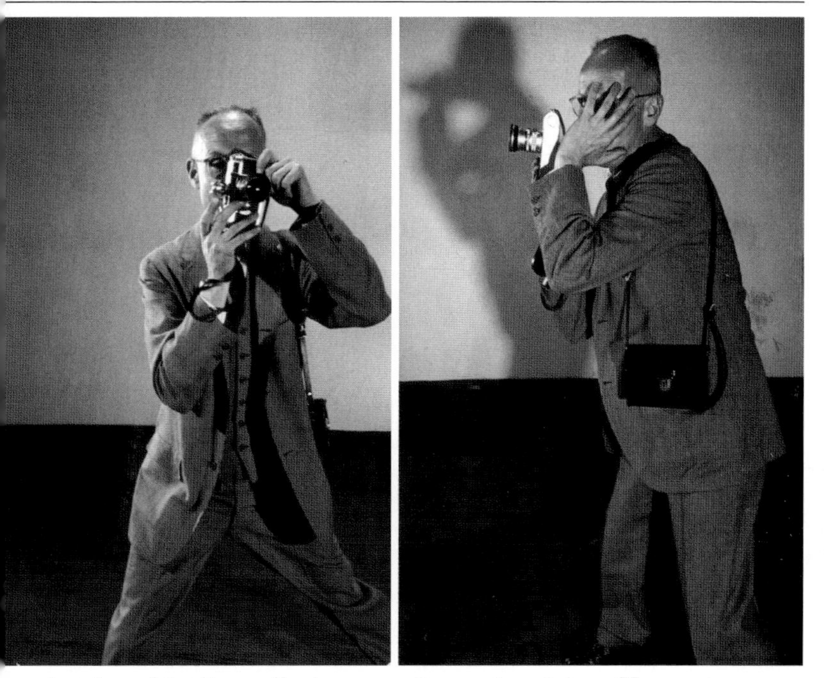

« Vous me demandez ce que je pense de la technique, écrivait Cartier-Bresson dans sa réponse à une enquête de la revue *Alitalia*. Pour moi la photographie de reportage nécessite un œil, un doigt, deux jambes. » Dans cette série de photographies anonymes, prises dans une salle de conférences, ou sur ce qui ressemble à une scène, Henri Cartier-Bresson semble mimer sa conception de l'acte photographique : s'approcher discrètement de son sujet, le photographier rapidement, puis s'en aller sans se faire voir.

c'est de se faire lisse, effacé, ouvert. Ce passionné du voir s'applique à être in-vu. » Beaumont Newhall disait également de lui que, lorsqu'il opérait, il semblait vêtu d'une « cape d'invisibilité », comme dans les contes de fées. C'est pour demeurer discret et ne surtout pas être reconnu en public, que Cartier-Bresson, jusqu'à la fin de sa vie, refusera systématiquement de se laisser photographier.

L'éthique du photographe

Pour Cartier-Bresson, la position physique du photographe correspond à une position éthique. À de rares exceptions près, qui datent toutes des années 1930, ses images ne sont pas mises en scène ou posées. Son impatience ne fait pas bon ménage avec tout ce qui est préconçu, préparé, construit, ce qui s'élabore avec minutie. Il préfère capter les compositions fortuites qui s'offrent à lui dans l'immédiateté de l'instant furtif.

Qu'Aragon, dans une description peu amène de son portrait de Matisse, ait pu imaginer qu'il l'avait mis en scène, pour satisfaire à la légende du grand peintre, le mettra dans une colère noire. « N'importe quoi ! Des foutaises ! dira-t-il à Pierre Assouline, la mise en scène, c'est tout le contraire de ma conception de la photo, de tout ce que j'ai toujours fait. Et puis on n'imagine pas un seul instant un homme comme Matisse se prêtant à un tel simulacre, ni moi, à mon âge, dans ma situation par rapport à lui, "exiger" quoi que ce soit de lui. »

Au début des années 1970, Cartier-Bresson prendra d'ailleurs assez vivement position contre une nouvelle génération de photographes qui mettait en scène de véritables fictions photographiques. Pour Cartier-Bresson, le rejet de la mise en scène est un refus de cette « société du spectacle » qu'il critique, à diverses reprises, dans ses notes personnelles. C'est un même dédain pour le spectaculaire qui le pousse à s'abstenir de tout sensationnalisme, de toute dramatisation, dans ses images. Pas de sang, de guerres, ou de morts dans ses photographies, bien qu'il ait souvent été confronté à ces réalités. À la différence de nombre de ses confrères reporters, il a toujours privilégié des situations qui traduisaient d'autres formes d'évidence que celles de l'événement.

De ce portrait de Matisse de 1944, E. H. Gombrich écrivait : « En choisissant un cadre large qui embrasse le fouillis et la pagaille des cages en même temps que l'agitation des oiseaux, Cartier-Bresson a rehaussé l'expression attentive du visage et de la posture du vieux maître. [...] Il a triomphé du temps en conservant l'atmosphère sereine du moment, l'infatigable vieil homme dans la France du temps de guerre travaillant dans cet intérieur ensoleillé à rassembler des matériaux pour ses images d'oiseaux. Comment le langage aurait-il pu le suivre là ? »

Il y a peu de violence dans les images de Cartier-Bresson. Celle-ci, prise à New York en 1947, qui rappelle les scènes de crime de Weegee, pourrait être un contre-exemple. Mais l'homme n'est pas mort, il est ivre.

L'« instant décisif »

L'idée que Cartier-Bresson se fait de la photographie trouve, dès les années 1950, une formulation théorique dans la notion d'« instant décisif ». Le photographe emploie ce concept, pour la première fois, par le biais d'une citation des *Mémoires* du cardinal de Retz – « Il n'y a rien en ce monde qui n'ait un moment décisif » – qui sert d'exergue à son

POWERED
SECRET

introduction d'*Images à la sauvette*. Utilisé comme titre pour l'édition américaine du livre (*The Decisive Moment*), c'est en anglais que le terme fera tout d'abord florès. Retraduit ensuite en français, le « moment décisif » du texte original devient dès lors l'« instant décisif » dans le langage courant.

L'expression désigne, pour l'observateur du monde en mouvement, une sorte d'apogée : à un moment précis les choses s'organisent en un ordonnancement à la fois esthétique et significatif. L'instant décisif, sorte de *kairos* photographique, est un équilibre formel, mais il révèle également l'essence d'une situation. Selon les propres mots de Cartier-Bresson, il correspond à « la reconnaissance simultanée, dans une fraction de seconde, d'une part de la signification d'un fait et de l'autre d'une organisation rigoureuse des formes perçues visuellement qui expriment ce fait ». Quatre ans avant la parution d'*Images à la sauvette*, Max J. Olivier, dans sa préface à *Beautiful Jaipur*, avait déjà employé l'expression de « moment fertile » pour décrire les photographies de Cartier-Bresson.

Non loin d'André Malraux, Cartier-Bresson vérifie la composition d'une de ses images, lors du vernissage de son exposition au musée des Arts décoratifs, à Paris, en novembre 1966 (photographie de René Burri).

« En photographie, la création est la courte affaire d'un instant, un jet, une riposte, celle de monter l'appareil à la ligne de mire de l'œil, de happer dans la petite boîte ce qui vous a surpris, saisir au vol sans tricherie, sans laisser rebondir. On fait de la peinture tandis que l'on prend en photo. »

H. Cartier-Bresson, *Les Européens*, Verve, 1955

« Moment fertile » ou « instant décisif », ces expressions assez similaires s'inscrivent toutes deux dans une tradition de la pensée sur l'art marquée par le philosophe allemand G. E. Lessing et sa fameuse analyse du *Laocoon*, selon laquelle le génie de l'artiste consiste à percevoir, puis à retranscrire, l'acmé d'une situation. Dans le domaine de la photographie, l'importance du déclenchement au « bon moment » était, quant à elle, en débat depuis l'avènement des premiers films instantanés à la fin du XIXe siècle. La formulation de l'instant décisif par Cartier-Bresson, tant dans son texte que dans ses images, correspond donc à une sorte d'aboutissement esthétique de l'instantanéité photographique, son entrée en art, pour le dire autrement.

Valence

Une photographie prise dans les arènes de Valence, en 1933, offre un bel exemple d'instant décisif. C'est tout d'abord une image extrêmement bien composée. La porte claire, au premier plan à droite, forme un presque carré dans lequel vient se découper une fenêtre d'un format homothétique à celui de l'image.

“Une image prise [à Tokyo, en 1965] lors des obsèques d'un acteur de kabuki. Quelques personnages en larmes, avec la dignité requise, offrant leur chagrin à la lumière ou le dissimulant dans un mouchoir, se tournant le dos avec un sens du rythme et du mouvement qui ne semble être gouverné que par le calicot situé exactement au centre, sur lequel il est écrit « Funérailles » en japonais.”

Pierre Assouline, *Cartier-Bresson, l'œil du siècle*, 1999

Pages suivantes : Rome, 1959 (p. 100) ; Place de l'Europe, Paris, 1932 (p. 101) ; Rome, 1959 (p. 102) ; Île de Siphnos, Grèce, 1963 (p. 104).

PIA

RAILOWSK
RAILOWSKY

La partie gauche de la photographie est constituée d'un autre ensemble de formes rectangulaires qui se répondent entre elles et proposent une réduction des proportions de l'image, basculée à la verticale. Cette même partie est également à moitié occupée par une série de cercles concentriques qui dessinent une sorte de cible, marquée en son milieu d'un chiffre 7. À l'arrière-plan, dans l'embrasure de la porte, devant, semble-t-il, un autre bâti similaire, un personnage flou apparaît. La courbure de son corps prolonge et répète celle du chiffre 7. Son visage, qui forme une tache claire, se situe au centre de la série de cercles concentriques. L'un de ces cercles est, à gauche, tangent au bord de l'image et, à droite, à l'ouverture pratiquée dans la porte. Un autre, plus large, frôle la tête du personnage qui s'inscrit dans cette fenêtre et souligne la rondeur de son visage, au milieu duquel apparaît une autre forme circulaire.

La photographie a été prise à l'instant précis où un reflet lumineux

Lorsque, peu avant la guerre, Cartier-Bresson détruit les images qu'il ne juge pas suffisamment bonnes, il conserve sept négatifs de la série de photographies prises en 1933 dans les arènes de Valence, en Espagne. En 1952, dans *Images à la sauvette*, c'est l'image reproduite en petit, en haut, à gauche, qui est publiée, tandis que cinq ans avant, lors de l'exposition du MoMA, c'est l'image reproduite ci-dessus en grand qui avait été accrochée et publiée. C'est cette dernière qui, avec le temps, s'imposera.

transformait l'un de ses verres de lunettes en un parfait cercle blanc. Ce regardeur, qui contemple le spectacle de l'arène à travers son monocle de lumière, rappelle, au sein même de l'image, la position du photographe observant la scène dans l'œil de verre de son appareil. Non seulement l'image est extrêmement bien construite, mais elle offre, de surcroît, un condensé symbolique de la situation. Le jeu des regards, la tension de la corrida, la délimitation de l'espace en une série de zones plus ou moins protégées de la violence du combat… tout est présent dans cette image… y compris le photographe lui-même. L'image est bien, selon les mots de Cartier-Bresson, « la reconnaissance simultanée, dans une fraction de seconde » de l'organisation et de la signification combinées d'un fait. Comme l'avait très bien compris Beaumont Newhall, la notion de « reconnaissance » est ici fondamentale : Cartier-Bresson n'a évidemment pas

❝Mes photos sont des variations sur un même thème et je tourne autour du sujet comme l'arbitre dans un match de boxe. Nous sommes passifs devant un monde qui bouge et notre unique moment de création est le 1/25 de seconde où l'on appuie sur le bouton, l'instant de bascule où le couperet tombe. Nous sommes comparables aux tireurs qui « lancent » leur coup de fusil.❞

H. Cartier-Bresson interviewé par Yvonne Baby, *L'Express*, 29 juin 1961

❝La lecture de la planche-contact, crayon rouge à la main par le photographe lorsqu'elle sort du labo, c'est, pour moi, la lecture d'un sismographe avec des hauts et des bas : calme, plat d'une photo sans intérêt, mais qu'est-ce qui m'a fait déclencher ? Passons. Eh ! une petite secousse, oui mais c'était mal composé, j'étais trop loin ou trop près – à la suivante. Hein, le sujet a disparu, le sourire du personnage s'est éteint. On continue à lire ces 36 photos de la planche, espérant y découvrir l'image qui rassemble tout : forme et émotion et c'est bien rare, mais quelle joie car on vit dans l'extrême fragilité de l'instant.❞

H. Cartier-Bresson, note manuscrite, 3 décembre 1991

calculé ou prévisualisé sa composition, son inconscient optique l'a instinctivement reconnue.

Le « tir photographique »

La fortune critique d'Henri Cartier-Bresson s'est largement construite sur l'instant décisif. Parfois jusqu'à l'outrance, car ses photographies ne relèvent pas toutes de cette approche et son œuvre ne peut être réduite à cela. D'ailleurs, à la fin de sa vie, il se disait souvent exaspéré par cette expression, à laquelle on préférera ici celle de « tir photographique ».

« Pour moi, disait Cartier-Bresson, la grande passion c'est le tir photographique. » Formé, dès son adolescence, au maniement du fusil, lors de longues parties de chasse en Sologne, il était lui-même un excellent tireur. En Côte-d'Ivoire, il apprit à attirer le gibier à l'aide d'une lampe à acétylène, donc à chasser avec la lumière, ce qui est une assez belle métaphore pour quelqu'un qui s'apprêtait à devenir photographe. C'est précisément à son retour d'Afrique qu'il troque le fusil contre l'appareil photographique, comme s'il cherchait désormais à pratiquer une chasse moins cruelle, dont l'image serait la proie. « J'adore prendre des photographies, explique-t-il quelques années plus tard. C'est comme être un chasseur. Mais certains chasseurs sont végétariens, ce qui correspond à ma relation avec la photographie. »

Après la guerre, puis son long séjour en Asie, au cours duquel il découvre les religions orientales, Cartier-Bresson emploie beaucoup moins régulièrement la métaphore de la chasse, ou des armes à feu, pour décrire sa pratique de la

C'est vers 1920 que le « tir photographique » apparut dans les fêtes foraines. À la différence des stands de tir traditionnels, lorsque le tireur touchait le cœur de la cible, il déclenchait un dispositif qui le prenait en photo. Plutôt qu'un quelconque lot, il gagnait alors son propre portrait, en tireur. À la fin des années 1920, Cartier-Bresson ne manqua pas de faire mouche et se tira ainsi le portrait. Se souvenant sans doute du nom de l'attraction, il emploiera plus tard la notion de « tir photographique » pour caractériser son approche de la photographie.

Le tir est un de croquis. —

photographie. Il préfère désormais la comparer au tir à l'arc. Au milieu des années 1950, Georges Braque lui a offert un petit livre, *Le Zen dans l'art chevaleresque du tir à l'arc*, qui jouera un rôle décisif dans sa conception de la photographie, ou tout du moins dans sa façon de la décrire. Écrit par Eugen Herrigel, un philosophe allemand spécialiste de la pensée extrême-orientale, l'ouvrage raconte l'initiation de son auteur à la méditation zen, à travers l'exercice du tir à l'arc. Dans cet opuscule et plus particulièrement dans sa description du satori, Cartier-Bresson retrouve une conception de la concentration étonnamment semblable à celle qu'il pratique : l'oubli de soi, la mise en éveil de tous les sens, afin de pouvoir saisir ce qui s'offre.

Mais surtout, il comprend qu'il y a derrière ce qu'il considérait jusqu'alors comme un ensemble de gestes techniques, une véritable philosophie de la vie. Là où l'instant décisif prenait principalement en compte le sujet et réduisait l'acte photographique à une simple dextérité, la notion de tir photographique permet de mieux envisager l'opérateur dans son rapport au monde. Elle s'applique de surcroît à un plus large éventail de l'œuvre, en tenant compte de son évolution.

photographique
mes carnets de

Ci-dessous, deux archers photographiés en Inde en 1948 ; le livre de Herrigel, publié en France pour la première fois en 1955.

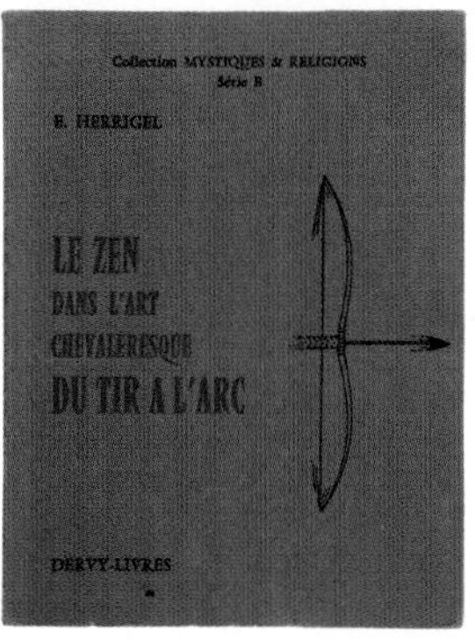

HENRI CARTIER-BRESSON
Mention obligatoire
Prière de reproduire cette photo intégralement sans en modifier le cadrage.

Ci-dessous, une photographie prise par Cartier-Bresson lors de son voyage en URSS et publiée, recadrée, dans un article de *L'Express* du 25 novembre 1955, intitulé « Les femmes ne sont pas encore libres ». Pour se préserver de ces recadrages intempestifs, il exige dès la fin des années 1960 que ses photographies soient publiées avec leur liseré noir d'origine. Les premières images ainsi surlignées paraissent dans le magazine *Photo* en décembre 1968.

PLEASE
DO NOT CROP
THIS PHOTOGRAPH

Postproduction

L'éthique photographique, selon Cartier-Bresson, n'est pas une chose qui s'abandonne une fois l'image prise, elle perdure pendant toute la phase de postproduction. Bien que l'urgence de la situation ou la distance géographique l'y aient parfois contraint, Cartier-Bresson n'aimait pas laisser à l'agence, ou aux rédactions, le soin de choisir ses images. Il souhaitait garder le contrôle de son *editing*. D'où son refus de laisser voir ses planches-contacts. Il comparait volontiers le travail du photographe perceptible sur celles-ci à un « monologue intérieur » dont le caractère intime

Une enquête de l'U.N.E.S.C.O.
LES FEMMES N
De la femme la plus rapide du monde au camion d

devait à tout prix être préservé. « Ce monologue intérieur, écrit-il à la fin des années 1950, on ne peut le débiter à haute voix à n'importe quel juge d'instruction, finalement quand on parle on choisit ses propres mots. » Il mettra également un point d'honneur à toujours rédiger lui-même ses légendes selon des critères essentiellement informatifs et se battra pour que celles-ci soient respectées par les rédactions.

© HENRI CARTIER-BRESSON & MAGNUM-PHOTOS

Cette photographie ne peut être reproduite que sous [illegible] du respect absolu de la lettre ou de l'esprit de la légende l'accompagnant.

This photograph can be reproduced only by full respect of the letter or spirit of its caption.

Pour Cartier-Bresson, la photographie est avant tout une expérience de vision. Tout se passe lors de la prise de vue, dans la relation du photographe à son sujet. Il ne peut donc être question de recadrer une image au tirage, ou lors de sa publication. « J'attache une grande importance à ce que l'on ne modifie pas mes cadrages », indique-t-il en 1944, avant d'ajouter qu'il est impératif de tirer ses « négatifs intégralement sans en rogner ne serait-ce qu'un millimètre soit à l'agrandissement, soit à la gravure ».

Parce qu'à diverses reprises les magazines ont abusivement reformaté ses images, il fait réaliser un tampon « ne pas recadrer », qu'il appose au dos du tirage, aux côtés de sa signature et du nom de l'agence. Mais voyant que l'injonction ne suffit pas, il prend le parti, à la fin des années 1960, de laisser apparaître, autour de l'image, un mince liseré noir qui correspond, sur la pellicule, à la partie qui n'a pas été affectée par la lumière. S'il ne subsiste pas à la publication, il est dès lors évident que la photographie a été recadrée. Ce filet noir qui semble annoncer, comme un faire-part de décès, que le photographe a fait son deuil du respect de l'intégrité de ses images par les rédactions, deviendra la marque de fabrique de Cartier-Bresson et, plus largement, d'une certaine exigence professionnelle.

❝Je suis très soucieux du respect de mes cadrages. Ce n'est pas une espèce de complaisance, mais par fidélité à la chose vue. Le cadre d'une photo doit être celui du viseur.❞

H. Cartier-Bresson, *Photo*, déc. 1968

❝Je veux que les légendes soient strictement des informations et non des remarques sentimentales ou d'une quelconque ironie. Je veux que ce soit de l'information franche [...]. Je vous serais très reconnaissant d'être parfaitement clairs avec nos clients à ce sujet. Laissons les photos parler d'elles-mêmes et pour l'amour de Nadar, ne laissons pas des gens assis derrière leur bureau rajouter ce qu'ils n'ont pas vu. Je fais une affaire personnelle du respect de ces légendes.❞

Cartier-Bresson, lettre à ses collaborateurs de Magnum, citée par Pierre Assouline

HCB
2.84

À partir des années 1970, Henri Cartier-Bresson ne photographie plus pour la presse. Il a toujours son Leica à portée de main, prend encore quelques images de ses proches, mais il passe la plupart de son temps à préparer ses nouveaux livres ou à dessiner. Sa renommée internationale ne cesse de s'accroître. Il est désormais suffisamment célèbre pour être identifié par ses seules initiales : HCB.

CHAPITRE 5

HCB : CÉLÉBRITÉ ET POSTÉRITÉ

En février 1984, Henri Cartier-Bresson dessine ce fascinant autoportrait où son visage, entre ombre et lumière, semble avoir été repoussé dans le coin supérieur droit de l'image – comme recadré (page de gauche). « Le dessin, écrit-il alors, m'a permis de me remettre en question au lieu de ronronner... » Ci-contre, le logo de la fondation voulue par le photographe.

L'enfant prodige de la photographie française

Bien qu'il se soit toujours vanté d'être un « mauvais élève », dès qu'il est entré en photographie, Cartier-Bresson est devenu le premier en tout. Il a été le premier photographe français à exposer au MoMA, le premier photographe vivant à voir ses images accrochées aux cimaises du Louvre. Le seul à publier dans la prestigieuse collection de monographies de Tériade, aux côtés de Matisse, Picasso, Léger, Bonnard. L'unique photographe à voir l'une de ses images reproduite dans l'*Histoire de l'art* d'Ernst Gombrich au voisinage des œuvres des plus grands peintres et sculpteurs. *Le Book One* de la collection d'histoire de la photographie des éditions Aperture lui est consacré. Le présent ouvrage est également le premier de la collection « Découvertes » chez Gallimard qui soit dévolu à un photographe. Et que dire des innombrables prix ou distinctions dont il a été couronné ?

Véritable enfant prodige de la photographie, Cartier-Bresson a, de ce fait, été à l'origine d'une multitude de vocations. Quantité de photographes

“Je n'ai pu résister à retravailler à l'huile cette magnifique photographie […]. Le photographe a surpris deux voyeurs. L'un, à l'arrière-plan, regarde à travers un trou pratiqué sur la toile tendue sur des piquets, un spectacle dont nous ignorons les données. L'autre personnage qui pourrait être, pourquoi pas, Hercule Poirot, tourne son regard vers l'objectif. L'homme à la casquette regarde la réalité par un trou. L'autre regarde la caméra. Nous, en regardant la photo, devenons voyeurs à notre tour.”

Eduardo Arroyo, à propos de son tableau *Gilles Aillaud regarde la réalité par un trou à côté d'un collègue indifférent*, 1973 ont reconnu avoir embrassé la profession après avoir vu ses images. Elliot Erwitt a souvent raconté que la découverte de l'une d'entre elles avait été la révélation qui avait engagé sa vie. Une autre a fait comprendre à l'Anglais Chris Killip, selon son propre témoignage, que la photographie pouvait être un moyen d'expression à part entière. D'autres photographes, comme Larry Fink ou Alex Webb, ont indiqué l'impact qu'avait eu sur eux *Images à la sauvette*. Dans un entretien de 1994, le réalisateur, acteur et photographe Dennis Hopper expliquait également : « Quelqu'un m'a montré un exemplaire du livre d'Henri Cartier-Bresson, *The Decisive Moment*, et cela a changé ma vie et ma propre photographie. »

Figure tutélaire pour certains, père mythique pour d'autres, Cartier-Bresson devint, à partir des années 1970, puis surtout 1980, simultanément à la reconnaissance artistique et culturelle de la photographie, l'un des plus grands photographes du siècle.

Dans les années 1950, Cartier-Bresson est l'un des rares photographes au monde, et sans doute le seul opérateur français, à voir son propre portrait orner la une des magazines américains (en bas, le *Saturday Review* du 31 décembre 1955). Sa célébrité ne cesse alors de s'accroître. Dès les années 1970 nombre de peintres ou de plasticiens commencent à réutiliser ses photographies dans leurs propres œuvres (page de gauche). Bien qu'il n'ait guère apprécié ce système marchand, plusieurs de ses photographies sont également transformées en produits dérivés, comme ce timbre édité par La Poste en 1999.

Cartier-Bresson lors du vernissage de son exposition au Palais de Tokyo en 1988, en compagnie de François Mitterrand, photographié par Raymond Depardon.

La nouvelle génération de photographes qui reprochait à Cartier-Bresson de s'être enfermé dans un style trop soumis à l'instant décisif, pour mieux lui opposer leur « photographie des temps faibles », ne savait sans doute pas qu'il lui arrivait aussi de fixer de petits moments fragiles de sa vie quotidienne et intime, comme ce journal ouvert sur un lit défait, à Paris, en 1962 (page de droite, en haut).

Le revers de la médaille

Dans les trois dernières décennies du XXe siècle, la célébrité croissante d'Henri Cartier-Bresson ne fut pas sans produire quelques effets pervers. Lui qui avait fondé sa pratique sur la discrétion ne pouvait plus se rendre dans certains endroits sans être immédiatement reconnu et devenir, à son tour, la cible des photographes. Il est par ailleurs aisé d'imaginer combien il pouvait être désagréable, pour quelqu'un qui détestait tant l'académisme et ses honneurs, de se voir soudain affublé des qualificatifs de « maître », « génie », « dieu vivant », ou, sur un autre mode, de « monument », « trésor national », voire de « statue du Commandeur ».

La notoriété, dont il était l'un des rares photographes français à bénéficier, n'allait pas non plus sans provoquer quelques jalousies parmi ses confrères. Mais, avec le temps, il est dans l'ordre naturel des choses de voir les modèles se transformer en contre-modèles. À partir des années 1970, tandis que sa cote de popularité ne cesse d'augmenter, qu'il devient, à son corps défendant, une véritable « institution » à lui tout seul, Cartier-Bresson est de plus en plus régulièrement la cible des critiques d'une nouvelle génération d'artistes. Aux États-Unis, après des années de purisme, les photographes adoptent la mise en scène, la fiction narrative, ou les pratiques conceptuelles. En France, c'est plutôt la veine autobiographique qui domine. La tendance est à la célébration de l'intime, du quotidien, du banal, à ce que Raymond Depardon décrira plus tard comme « une photographie des temps faibles ».

Inutile de préciser que, d'un côté comme de l'autre de l'Atlantique, ces jeunes photographes ne se retrouvent guère dans l'instant décisif, l'obsession de la géométrie, ou la condamnation du recadrage. Ils se sont même très consciemment construits sur le refus de ces principes. Il fallait, selon la formule consacrée, « tuer le père », et celui-ci s'incarnait parfaitement dans la figure mythique de Cartier-Bresson. Son œuvre continuera à être ainsi, pendant quelques décennies, le terrain privilégié sur lequel s'exprimeront et s'exaspéreront les œdipes mal réglés.

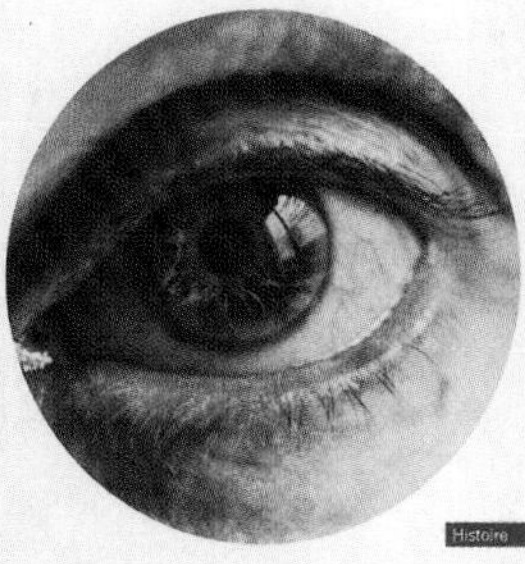

« Le plus incroyable chez Cartier-Bresson, c'était ses yeux. On aurait dit des fléchettes : acérés, vifs, d'un bleu limpide, infiniment agiles », a écrit Nicolas Nabokov. Dans les années 1970, le Seuil choisit d'ailleurs l'œil de Cartier-Bresson, photographié par Jean Lattès, pour illustrer la couverture de *Photographie et société* de Gisèle Freund. Avec la célébrité, et par métonymie, Cartier-Bresson devint dès lors l'« œil du siècle ». C'est précisément ce titre que Pierre Assouline donna à sa biographie de Cartier-Bresson, publiée en 1999.

Vive la France

Le dernier grand projet d'Henri Cartier-Bresson viendra creuser un peu plus le fossé qui le sépare de la génération des photographes émergents. Sur une idée d'Albert Blanchard, le directeur littéraire de *Sélection du Reader's Digest*, il entame au printemps de 1968 un grand portrait photographique de la France. Pendant vingt mois, dans une voiture mise à sa disposition par l'éditeur, il sillonne le pays en tous sens, s'attardant sur chaque détail singulier, ou au contraire ordinaire, qui lui semble devoir figurer dans son état des lieux photographique de la vie française. Selon le principe déjà adopté en 1947, pour son portrait des États-Unis, il s'associe à un écrivain, François Nourissier, pour mener à bien son projet.

Malgré la qualité du texte et des images, *Vive la France*, publié en 1970, est décevant. La mise en page est ordinaire et la typographie quelconque. Accompagnées d'aphorismes d'écrivains célèbres, les photographies sont mal séquencées et sont – c'est un comble – recadrées. Le résultat ressemble moins au livre d'artiste bien édité dont rêvait Cartier-Bresson qu'à ces mauvais albums illustrés distribués dans les maisons de la presse. Mais surtout, entre le début et la fin du reportage, la France a vécu le bouleversement de Mai 68 et semble s'être davantage transformée en quelques mois qu'elle ne l'avait fait en plusieurs décennies. Et même s'il a quelque peu photographié les événements, Cartier-Bresson s'est davantage attaché à célébrer une France pittoresque et séculaire, celle de la campagne vallonnée, des allées de platanes, des bistrots de banlieue, du ballon de rouge, de la 2CV et des couples d'amoureux.

Alors qu'il avait su conserver une certaine singularité dans le paysage photographique français,

VIVE LA FRANCE

sans points d'exclamations

"Qu'est-ce que la France ? Je ne sais pas, je n'ai pas une idée d'elle, mais plutôt une série d'impressions [...]. Je voulais voir les Français vivre sous toutes les conditions possibles, c'est capital. J'ai travaillé de juin 1968 à octobre 1969. C'est la raison pour laquelle il y a quelques photos sur les « événements » [double page suivante, Boulevard Saint-Michel, mai 1968]. Je ne cherche jamais le pittoresque ou l'anecdote. Les faits sont là, parce qu'ils étaient dans la vie des Français à ce moment-là. Idéalement, dans mes déplacements, j'aurais aimé circuler à moto, pour être plus près des êtres, des paysages [en haut à droite, Brie, 1968 ; en bas, Salins-les-Bains, 1968]. J'ai donc fait alterner la voiture, conduite par Dominique Paul-Boncourt, et la marche à pied. Il faut être un piéton invétéré pour voir les choses."

H. Cartier-Bresson, *Les Nouvelles Littéraires*, 20 oct. 1970

BANQUE NATIONALE DE PARIS
MONOPRIX

Cartier-Bresson est dès lors associé aux grands noms de la photographie humaniste : Doisneau, Ronis ou Izis. Cette assimilation contribuera à l'éloigner davantage des jeunes photographes qui s'opposaient précisément à cette tradition française. Gilles Mora, qui fut l'un des acteurs important, de cette génération, explique ainsi que la photographie créative française des années 1970 et 1980 s'est construite « contre cet héritage national (y compris le prestigieux Cartier-Bresson) ».

La photographie après la photographie

C'est au moment où il fait lui-même l'objet de critiques que Cartier-Bresson commence à marquer son désaccord avec l'orientation de l'agence qu'il avait contribué à créer. Dans les années 1960, il a déjà menacé plusieurs fois de quitter Magnum. Il constate, chaque jour un peu plus, une forme de dérive mercantile. Il est en profond désaccord avec la multiplication de commandes qui confinent à de la publicité. L'esprit d'origine se dilue, selon lui, dans le *corporate* et le marketing. En 1974, il envoie à ses collaborateurs une lettre leur signifiant qu'il ne

« La photographie pour moi n'est pas un travail, juste un dur plaisir, ne rien vouloir, attendre la surprise, être une plaque sensible. »

H. Cartier-Bresson, note tapuscrite, novembre 1983 [ci-dessus, Jardin des Tuileries, 1976]

considère plus Magnum comme une coopérative, mais comme « un établissement commercial aux prétentions esthétiques ». Il renonce alors à sa qualité d'associé en laissant cependant à l'agence le soin de gérer ses droits et ses archives.

C'est à peu près à cette époque que Cartier-Bresson abandonne le reportage. Il n'acceptera désormais plus de commandes des journaux, à quelques exceptions près, comme en 1981, l'investiture de François Mitterrand, lors de laquelle, réitérant son geste provocateur du couronnement de George VI, il ne photographie pas le président, mais les cuisiniers observant l'arrivée du nouvel occupant de l'Élysée.

L'arrêt du reportage ne veut cependant pas dire la fin de la photographie. S'il a renoncé aux prises de vue officielles, dans le cadre contraint du reportage, Cartier-Bresson ne s'est pas pour autant définitivement séparé de son Leica. Il continue à photographier à la sauvette, officieusement et occasionnellement, dans un esprit finalement assez proche de celui des années 1930. Il réalise alors des portraits de ses proches, de sa seconde femme, Martine Franck, qui est elle-même photographe, de leur fille, Mélanie, et de

« Je ne fais plus de photo, non. Seulement des portraits [ci-dessous, Notre chat Ulysse et l'ombre de Martine, 1989]. Ça m'amuse beaucoup. Ou des paysages. Mais dans la rue, non… Et ça ne me manque pas. Je me dis simplement, en passant, tiens, là, il y aurait eu une photo. C'est tout. »

H. Cartier-Bresson, *Le Figaro*, 26 juillet 1994

leurs amis, des paysages ou des vues de sa fenêtre.
La chronique photographique des dernières années de sa vie pourrait porter le même titre que les recueils de notes quotidiennes de Victor Hugo : *Choses vues*. Avec le temps, cependant, les prises de vues s'espacent. « Mon Leica dort presque tout le temps », écrit-il en décembre 1988, à son ami Sam Szafran.

Le regard qui compte

Depuis qu'il s'est arrêté de photographier, Cartier-Bresson n'a jamais autant fait de livres : près d'une vingtaine en trente ans. Il s'occupe également de la vente de ses tirages. « Je gagne ma vie à vendre des photos aux collectionneurs, des photos que je n'arrivais pas à vendre quand j'étais jeune, c'est un peu absurde ! explique-t-il dans une interview de février 1989. Je les authentifie en les signant et c'est tout. Je ne m'en doutais pas, étant gosse, que je gagnerais ma vie comme cela. »

Et puis, encouragé par quelques amis, dont Tériade, il est revenu à sa passion d'enfance : le dessin. Le croquis d'après nature et non la peinture, comme s'il s'agissait de demeurer dans la célérité et d'échapper encore à la couleur. Il passe des heures sur le motif : au Louvre, face aux maîtres anciens, au Muséum national d'histoire naturelle, devant l'étrange ossuaire préhistorique, à l'atelier, avec les modèles, ou sur son balcon, à la tombée du jour, contemplant les ombres qui s'allongent dans le jardin des Tuileries. Pendant ces trois dernières décennies, il exposera régulièrement ses dessins. Parfois avec ses photographies, parfois sans. Les deux modes d'expression sont, dans son esprit, bien distincts. « La photographie est, pour moi, l'impulsion spontanée d'une attention visuelle perpétuelle qui saisit l'instant et son éternité. Le dessin, lui, par sa graphologie élabore ce que notre conscience a saisi de cet instant. La photo est une action immédiate ; le dessin une méditation », écrit-il en 1992. « Maintenant, puisque je me suis mis à dessiner,

“De 1946 à 1965, j'ai été photographe, activement. Cela fait quinze ans que Tériade m'a dit d'arrêter la photo : « Tu as dit ce que tu avais à dire, dessine et peins. » Il ne faut […] pas toujours passer le même disque, il finit par s'érailler. […] Le dessin d'après nature, il n'y a que cela qui compte. Il m'arrive aussi de dessiner d'après les maîtres, mais le principal reste le travail sur le motif, dehors, dans les jardins, dans les rues, ou alors ici, dans l'atelier.”

H. Cartier-Bresson, *Le Monde*, 30 oct. 1980

dit-il ailleurs, j'ai seulement changé d'outil, mais c'est encore le regard qui compte. »

La Fondation HCB

Le 3 août 2004, Henri Cartier-Bresson s'éteint à l'âge de 95 ans dans sa maison de Provence. Il est enterré dans la plus stricte intimité. Plusieurs de ses amis photographes sont présents. Ils ne prendront pas de photographies. Dans les semaines qui suivent, la presse internationale lui rend un hommage unanime.

La photo est une action immédiate ; le dessin une méditation.

HCB 27.4.92

En 1992, la photographe Martine Franck, réalise ce très beau portrait d'Henri Cartier-Bresson. Il est occupé à dessiner son propre visage à l'aide d'un miroir accroché à la fenêtre de son appartement de la rue de Rivoli. À travers celle-ci, il est possible de distinguer le Jardin des Tuileries que Cartier-Bresson aimait aussi à dessiner aux différentes heures de la journée, comme Claude Monet et Camille Pissarro l'avaient fait au siècle précédent, depuis la fenêtre de l'appartement de leur ami Victor Choquet, situé à l'étage au-dessous.

« Mort d'un géant de la photographie », titre *Le Parisien*; « Cartier-Bresson éteint son Leica », affiche *Le Soir* de Bruxelles; « L'œil du siècle s'est refermé », ajoute la *Frankfurter Rundschau*. L'ampleur de cette couverture journalistique donne une assez bonne idée de la place qu'occupe désormais Cartier-Bresson dans le panthéon médiatique. Il est devenu l'une des grandes figures artistiques du XXe siècle, ce qui est unique pour un photographe, français de surcroît.

TIMES

THURSDAY AUGUST 5 2004

50P

NEWSPAPER OF THE YEAR

www.timesonline.co.uk

Henri Cartier-Bresson, a life in black and white

La Libre BELGIQUE

www.lalibre.be

JEUDI 5 AOÛT 2004

FUNÉRAILLES NATIONALES

Tout le chagrin des Belges

La Belgique a rendu hommage aux victimes de la catastrophe de Ghislenghien, avec dignité et recueillement. pp. 2-4

ÉTÉ

Les frères cinéastes Dardenne sont restés attachés à Seraing, la ville de leur enfance. Cahier central

DÉBATS

Nos souvenirs? Des faits et des fictions. p. 11

Matin 18° Après-midi 29°

EN VUE

Un projet pilote est né en Flandre: des parents peuvent voir sur Internet leur bébé prématuré resté à la maternité. p. 6

EN ROUTE

L'équipe de la nouvelle Commission européenne, qui entre en fonction le 1er novembre, est au complet et penche à droite. p. 7

EN CHUTE

Depuis l'éclatement de la bulle Internet, un actionnaire allemand sur cinq n'a plus d'actions dans son portefeuille. p. 15

EN ARMES

Pendant les jeux olympiques d'Athènes, la Grèce va déployer 70 000 hommes pour assurer la sécurité. p. 26

L'œil du siècle s'est fermé

Son nom était moins célèbre que ses œuvres: le Français Henri Cartier-Bresson, qui vient de disparaître à l'âge de 95 ans, était un monstre sacré de la photographie d'art comme du photo-journalisme.

Témoin des personnalités comme des événements majeurs, il fut le plus grand photographe du XXe siècle. pp. 32-33

BEAUX-ARTS

Un peu plus d'un an avant son décès, s'était ouverte, dans un bel immeuble du quartier du Montparnasse, construit au début des années 1910 par l'architecte Émile Molinié, la fondation HCB. Le but de cet organisme privé reconnu d'utilité publique est de préserver et de valoriser l'œuvre du photographe. Depuis son ouverture, la fondation inventorie son extraordinaire fonds d'archives : tirages, planches contacts, publications, papiers personnels, etc. Par l'intermédiaire d'expositions et de publications, elle montre les photographies d'Henri Cartier-Bresson dans les meilleures conditions et permet une plus juste compréhension de l'œuvre, par-delà les mythes et les clichés. Selon la volonté du photographe lui-même, elle défend également le travail d'autres artistes à travers des expositions et un prix décerné tous les deux ans.

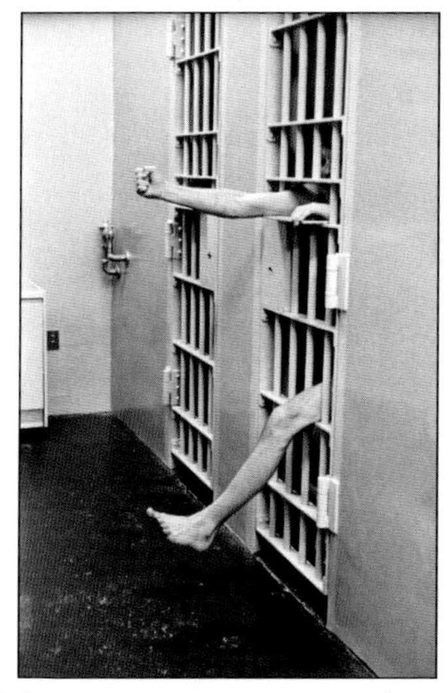

Si Magnum est toujours chargé de la diffusion commerciale des photographies de Cartier-Bresson, la fondation exerce une forme de droit moral sur celles-ci. Elle veille au respect des images, en refusant, par exemple, qu'elles soient détournées de leur sens originel, comme ce fut le cas, il y a quelques années, avec un timbre albanais qui, pour commémorer la Shoah, reproduisait sans autorisation une photographie de Cartier-Bresson réalisée en 1975 dans une prison américaine. Elle est également intervenue, à diverses reprises, pour faire retirer des ventes aux enchères des tirages de presse autrefois envoyés aux journaux et qui n'avaient pas été, comme il se doit, restitués à l'agence.

La fondation HCB prolonge ainsi le combat de moralisation des usages de l'image que le photographe avait mené pendant toute sa vie. Qu'une telle structure soit, en France, consacrée à l'œuvre d'un photographe est un phénomène tout à fait inédit. En cela, Cartier-Bresson aura été une fois encore le premier.

« Actuellement, l'utilisation intense des images, grâce aux moyens de communication de masse, confère aux photographes des responsabilités toujours nouvelles », écrivait Henri Cartier-Bresson en 1974 (ci-contre, l'une de ses photographies, prise aux États-Unis en 1975 dans un établissement pénitentiaire modèle et réutilisée, sans l'accord du photographe, plusieurs décennies après, par le service des postes albanais pour l'édition d'un timbre sur l'extermination des juifs pendant la Seconde Guerre mondiale).

Page de gauche, le 5 août 2004, le *Times* et *La Libre Belgique* annoncent le décès d'Henri Cartier-Bresson ; page suivante, note manuscrite de Cartier-Bresson.

Le temps court et s'écoule
et notre mort seule arrive
à le rattraper.
La photographie est un
couperet qui dans l'éternité
saisit l'instant qui l'a
ébloui. —

Henri Cartier-Bresson

TÉMOIGNAGES ET DOCUMENTS

Textes de Cartier-Bresson sur la photographie

Homme d'images plus que de plume, Cartier-Bresson a finalement peu écrit sur la photographie. Tout au plus une douzaine d'articles un peu longs et construits. Le plus conséquent est celui publié en 1952, en guise de préface à Images à la sauvette. *Véritable manifeste, ce texte expose la position de Cartier-Bresson sur la photographie. Il est ici repris dans son intégralité et suivi de trois textes rares, parus à l'époque dans des revues et non republiés depuis.*

« Images à la sauvette »

« Il n'y a rien en ce monde qui n'ait un moment décisif »

Cardinal de Retz

J'ai toujours eu une passion pour la peinture. Étant enfant j'en faisais le jeudi et le dimanche, j'y rêvais les autres jours. J'avais bien un Brownie-box comme beaucoup d'enfants, mais je ne m'en servais que de temps à autre pour remplir de petits albums avec mes souvenirs de vacances. Ce n'est que beaucoup plus tard que je commençais à mieux regarder à travers l'appareil, mon petit monde s'élargissait et ce fut la fin des photos de vacances.

Il y avait aussi le cinéma, *Les Mystères de New York*, avec Pearl White, les grands films de Griffith, *Le Lys brisé*, les premiers films de Stroheim, *Les Rapaces*, ceux d'Eisenstein, *Potemkine*, puis la *Jeanne d'Arc* de Dreyer ; ils m'ont appris à voir. Plus tard, j'ai connu des photographes qui avaient des épreuves d'Atget ; elles m'ont beaucoup impressionné. Je me suis alors acheté un pied, un voile noir, un appareil 9 x 12 en noyer ciré, équipé d'un bouchon d'objectif qui tenait lieu d'obturateur ; cette particularité me permettait d'affronter uniquement ce qui ne bougeait pas. Les autres sujets étaient trop compliqués ou me paraissaient trop « amateur » ; je croyais ainsi me dédier à l'« Art ». Je développais et tirais les épreuves moi-même dans une cuvette et ce bricolage m'amusait. Je soupçonnais à peine certains papiers d'être contrastés et d'autres doux ; d'ailleurs cela ne me préoccupait guère ; mais j'enrageais quand les images ne sortaient pas.

En 1931, vingt-deux ans, je suis parti pour l'Afrique. Sur la Côte d'Ivoire, j'ai acheté un appareil, mais je ne me suis aperçu qu'au retour au bout d'un an qu'il était plein de moisissures ; toutes mes photos étaient surimpressionnées de fougères arborescentes. Ayant alors été très malade, j'ai dû me soigner ; une petite mensualité me permettait de me débrouiller, je travaillais avec joie et pour mon plaisir. J'avais découvert le Leica ; il est devenu le prolongement de mon œil et ne me quitte plus. Je marchais toute la journée l'esprit tendu, cherchant dans les rues à prendre sur le vif des photos comme des flagrants délits. J'avais surtout le désir de saisir dans une seule image l'essentiel d'une scène qui surgissait. Faire des reportages photographiques, c'est-à-dire raconter une histoire en plusieurs photos, cette idée ne m'était jamais venue, ce n'est que plus tard, en regardant le travail de mes amis du métier et les revues illustrées, et en travaillant à mon tour pour elles que peu à peu j'ai appris à faire un reportage.

J'ai beaucoup circulé, bien que je ne sache pas voyager. J'aime le faire avec lenteur, ménageant les transitions entre les pays. Une fois arrivé, j'ai presque toujours le désir de m'y établir pour mieux encore mener la vie du pays. Je ne saurais être un globe-trotter.

Avec cinq autres photographes indépendants, nous avons fondé en 1947 notre coopérative, Magnum Photos, qui diffuse nos reportages photographiques à travers les revues françaises et étrangères. Je suis toujours un amateur, mais plus un dilettante.

Le reportage

En quoi consiste un reportage photographique ? Parfois une photo unique dont la forme ait assez de rigueur et de richesse, et dont le contenu ait assez de résonance, peut se suffire à elle-même ; mais cela est rarement donné ; les éléments du sujet qui font jaillir l'étincelle sont souvent épars ; on n'a pas le droit de les rassembler de force, les mettre en scène serait une tricherie ; d'où l'utilité du reportage ; la page réunira ces éléments complémentaires répartis sur plusieurs photos.

Le reportage est une opération progressive de la tête, de l'œil et du cœur pour exprimer un problème, fixer un événement ou des impressions. Un événement est tellement riche qu'on tourne autour pendant qu'il se développe. On en cherche la solution. On la trouve parfois en quelques secondes, parfois elle demande des heures ou des jours ; il n'y a pas de solution standard ; pas de recettes, il faut être prêt comme au tennis. La réalité nous offre une telle abondance que l'on doit couper sur le vif, simplifier, mais coupe-t-on toujours ce qu'il faut ? Il est nécessaire d'arriver, tout en travaillant, à la conscience de ce que l'on fait. Quelquefois, on a le sentiment que l'on a pris la photo la plus forte, et, pourtant, on continue à photographier, ne pouvant prévoir avec certitude comment l'événement continuera de se développer. On évitera cependant de mitrailler, en photographiant vite et machinalement, de se surcharger ainsi d'esquisses inutiles qui encombrent la mémoire et nuiront à la netteté de l'ensemble.

La mémoire est très importante, mémoire de chaque photo prise en galopant à la même allure que l'événement ; on doit pendant le travail être sûr que l'on n'a pas laissé de trou, que l'on a tout exprimé, car après il sera trop tard, on ne pourra reprendre l'événement à rebours.

Pour nous, il y a deux sélections qui se font, donc deux regrets possibles ; l'un lorsque l'on est confronté dans le viseur avec la réalité, l'autre, une fois les images développées et fixées, lorsqu'on est obligé de se séparer de celles qui, bien que justes, seraient moins fortes. Quand il est trop tard, on sait exactement pourquoi, on a été insuffisant. Souvent, pendant le travail une hésitation, une rupture physique avec l'événement vous a donné le sentiment de n'avoir pas tenu compte de tel détail dans l'ensemble ; surtout, ce qui est très fréquent, l'œil s'est laissé aller à la nonchalance, le regard est devenu vague, cela a suffi.

C'est pour chacun de nous, en partant de notre œil que commence l'espace qui va s'élargissant jusqu'à l'infini, espace présent qui nous frappe avec plus ou moins d'intensité et qui va immédiatement s'enfermer dans nos souvenirs et s'y modifier. De tous les moyens d'expression, la photographie est le seul qui fixe un instant précis. Nous jouons avec des choses qui disparaissent, et, quand elles ont disparu, il est impossible de les faire revivre. On ne retouche pas son sujet; on peut tout au plus choisir parmi les images recueillies pour la présentation du reportage. L'écrivain a le temps de réfléchir avant que le mot ne se forme, avant de le coucher sur le papier; il peut lier plusieurs éléments ensemble. Il y a une période où le cerveau oublie un tassement. Pour nous, ce qui disparaît, disparaît à jamais; de là notre angoisse et aussi l'originalité essentielle de notre métier. Nous ne pouvons refaire notre reportage une fois rentré à l'hôtel.

Notre tâche consiste à observer la réalité avec l'aide de ce carnet de croquis qu'est notre appareil, à la fixer mais pas à la manipuler ni pendant la prise de vue, ni au laboratoire par de petites cuisines. Tous ces truquages se voient pour qui a l'œil.

Dans un reportage photographique on vient compter les coups, un peu comme un arbitre et fatalement on arrive comme un intrus. Il faut donc approcher le sujet à pas de loup, même s'il s'agit d'une nature morte. Faire patte de velours, mais avoir l'œil aigu. Pas de bousculades; on ne fouette pas l'eau avant de pêcher. Pas de photos au magnésium, bien entendu, par respect ne serait-ce que pour la lumière, même absente. Sinon le photographe devient quelqu'un d'insupportablement agressif. Ce métier tient tellement aux relations que l'on établit avec les gens, un mot peut tout gâcher et toutes les alvéoles se referment. Ici encore, pas de système, sinon de se faire oublier ainsi que l'appareil qui est toujours trop voyant. Les réactions sont tellement différentes selon les pays et les milieux; dans tout l'Orient, un photographe impatient ou simplement pressé se couvre de ridicule, ce qui est irrémédiable. Si jamais on a été gagné de vitesse, et que quelqu'un vous ait remarqué avec votre appareil, il n'y a plus qu'à oublier la photographie, et laisser gentiment les enfants s'agglutiner à vos jambes.

Le sujet

Comment nierait-on le sujet ?
Il s'impose. Et parce qu'il y a des sujets dans tout ce qui se passe dans le monde comme dans notre univers le plus personnel, il suffit d'être lucide vis-à-vis de ce qui se passe et d'être honnête vis-à-vis de ce que nous sentons. Se situer, en somme, par rapport a ce que l'on perçoit.

Le sujet ne consiste pas à collecter des faits, car les faits en eux-mêmes n'offrent guère d'intérêt. L'important c'est de choisir parmi eux; de saisir le fait vrai par rapport à la réalité profonde.

En photographie la plus petite chose peut être un grand sujet, le petit détail humain devenir un leitmotiv. Nous voyons et faisons voir dans une sorte de témoignage le monde qui nous entoure et c'est l'événement par sa fonction propre qui provoque le rythme organique des formes.

Quant à la façon de s'exprimer, il y a mille et un moyens de distiller ce qui nous a séduit. Laissons donc à l'ineffable toute sa fraîcheur et n'en parlons plus…

Il y a tout un domaine qui n'est plus exploité par la peinture, certains disent que la découverte de la photographie en est la cause; de toute façon la photographie en a repris une partie sous forme d'illustrations. Mais n'attribue-t-on pas à la découverte de la photographie l'abandon par les peintres d'un de leurs grands sujets : le portrait.

La redingote, le képi, le cheval, rebutent désormais le plus académique d'entre eux qui se sentira étranglé par tous les boutons de guêtres de Meissonnier. Nous, peut-être parce que nous atteignons une chose bien moins permanente que les peintres, pourquoi en serions-nous gênés ? Nous nous en amusons plutôt, car à travers notre appareil nous acceptons la vie dans toute sa réalité. Les gens souhaitent se perpétuer dans leur portrait et ils tendent à la postérité leur bon profil ; désir souvent mêlé d'une certaine crainte magique : ils donnent prise.

Un des caractères émouvants du portrait c'est aussi de retrouver la similitude des hommes, leur continuité à travers tout ce qui décrit leur milieu ; ne serait-ce que dans l'album de famille, prendre l'oncle pour son petit-neveu. Mais si le photographe atteint le reflet d'un monde tant extérieur qu'intérieur, c'est que les gens sont « en situation », comme on dit dans le langage du théâtre. Il devra respecter l'ambiance, intégrer l'habitat qui décrit le milieu, éviter surtout l'artifice qui tue la vérité humaine et aussi faire oublier l'appareil et celui qui le manipule. Un matériel compliqué et des projecteurs empêchent à mon avis le petit oiseau de sortir. Qu'y a-t-il de plus fugace qu'une expression sur un visage ? La première impression que donne ce visage est très souvent juste, et si elle s'enrichit lorsque nous fréquentons les gens, il devient aussi plus difficile d'en exprimer la nature profonde à mesure que nous connaissons ceux-ci plus intimement. Il me paraît assez périlleux d'être portraitiste lorsqu'on travaille sur commande pour des clients car, à part quelques mécènes chacun veut être flatté, il ne reste alors plus rien de vrai.
Les clients se méfient de l'objectivité de l'appareil tandis que le photographe recherche une acuité psychologique ; deux reflets se rencontrent, une certaine parenté se dessine entre tous les portraits d'un même photographe car cette compréhension des gens est liée à la structure psychologique du photographe lui-même. L'harmonie se retrouve en cherchant l'équilibre à travers l'asymétrie de tout visage, ce qui fait éviter la suavité ou le grotesque.

À l'artifice de certains portraits, je préfère de beaucoup ces petites photos d'identité serrées les unes contre les autres aux vitrines des photographes de passeport. À ces visages-là on peut toujours poser une question, et l'on y découvre une identification documentaire à défaut de l'identification poétique que l'on espère obtenir.

La composition

Pour qu'un sujet porte dans toute son intensité, les rapports de forme doivent être rigoureusement établis. On doit situer son appareil dans l'espace par rapport à l'objet, et là commence le grand domaine de la composition. La photographie est pour moi la reconnaissance dans la réalité d'un rythme de surfaces, de lignes et de valeurs ; l'œil découpe le sujet et l'appareil n'a qu'à faire son travail qui est d'imprimer sur la pellicule la décision de l'œil. Une photo se voit dans sa totalité, en une seule fois comme un tableau ; la composition y est une coalition simultanée, la coordination organique d'éléments visuels. On ne compose pas gratuitement, il faut une nécessité et l'on ne peut séparer le fond de la forme. En photographie, il y a une plastique nouvelle, fonction de lignes instantanées ; nous travaillons dans le mouvement, une sorte de pressentiment de la vie, et la photographie doit saisir dans le mouvement l'équilibre expressif.

Notre œil doit constamment mesurer, évaluer. Nous modifions les perspectives par un léger fléchissement des genoux, nous amenons des coïncidences de lignes par un simple déplacement de la tête d'une fraction de millimètre, mais ceci ne peut être fait qu'avec la vitesse d'un réflexe et nous évite heureusement d'essayer de faire de « l'Art ».
On compose presque en même temps que l'on presse le déclic et en plaçant l'appareil plus ou moins loin du sujet, on dessine le détail, on le subordonne, ou bien on est tyrannisé par lui. Il arrive parfois qu'insatisfait on reste figé, attendant que quelque chose se passe, parfois tout se dénoue et il n'y aura pas de photo, mais que par exemple quelqu'un vienne à passer, on suit son cheminement à travers le cadre du viseur, on attend, attend… on tire, et l'on s'en va avec le sentiment d'avoir quelque chose dans son sac. Plus tard, on pourra s'amuser à tracer sur la photo la moyenne proportionnelle ou autres figures et l'on s'apercevra qu'en déclenchant l'obturateur à cet instant, on a fixé instinctivement des lieux géométriques précis sans lesquels la photo était amorphe et sans vie. La composition doit être une de nos préoccupations constantes, mais au moment de photographier elle ne peut être qu'intuitive, car nous sommes aux prises avec des instants fugitifs où les rapports sont mouvants. Pour appliquer le rapport de la section d'or, le compas du photographe ne peut être que dans son œil. Toute analyse géométrique, toute réduction à un schéma ne peut, cela va de soi, être produite qu'une fois la photo faite, développée, tirée, et elle ne peut servir que de matière à réflexion. J'espère que nous ne verrons jamais le jour où les marchands vendront les schémas gravés sur des verres dépolis. Le choix du format de l'appareil joue un grand rôle dans l'expression du sujet, ainsi le format carré par la similitude de ses côtés a tendance à être statique, il n'y a d'ailleurs guère de tableaux carrés. Si l'on découpe tant soit peu une bonne photo, on détruit fatalement ce jeu de proportions et, d'autre part, il est très rare qu'une composition faible à la prise de vue puisse être sauvée en cherchant à la recomposer en chambre noire, rognant le négatif sous l'agrandisseur : l'intégrité de la vision n'y est plus. On entend souvent parler d'« angles de prise de vue » mais les seuls angles qui existent sont les angles de la géométrie de la composition. Ce sont les seuls angles valables et non ceux que fait le monsieur en se mettant à plat ventre pour obtenir des effets ou autres extravagances.

La couleur

En parlant de composition, nous ne pensions qu'à cette très vieille convention, cette couleur symbolique qu'est le noir. Le noir et blanc est une déformation, une qualité abstraite, toutes les valeurs y sont transposées et laissent donc la possibilité de choix. La photographie en couleurs vient ajouter bien des problèmes qu'il est aujourd'hui difficile de résoudre, et même de prévoir, du fait de la complexité et du peu de développement technique de la photo en couleurs. Actuellement les émulsions des films en couleurs sont encore très lentes et nous avons ainsi tendance à nous cantonner dans des sujets statiques ou bien à employer de fortes lumières artificielles ; cette lenteur de la pellicule réduit la profondeur de champ dans les plans rapprochés, et cette maigre latitude rend souvent la composition morne ; de plus les fonds flous dans la photo en couleurs sont bien vilains. Il arrive cependant que les résultats ne soient pas désagréables lorsque l'on regarde le film par transparence ; mais ensuite, le graveur doit intervenir et un accord avec lui comme en lithographie serait souhaitable. Enfin, il y a les encres et les papiers qui réagissent un peu à leur guise, et la transposition d'une photo en couleur dans un journal ou une édition de demi-luxe donne parfois l'impression d'une dissection mal faite. Nous n'en sommes encore, à mon avis, qu'à une certaine fidélité dans les reproductions de documents et de tableaux, mais lorsque l'on est aux prises avec la vie, c'est autre chose. Nous ne devons pas pour cela nous en désintéresser et attendre que la pellicule idéale nous soit livrée et le talent fourni avec elle ; il faut continuer à tâtonner. Il est difficile de savoir quels seront les développements de la photographie de reportage en couleurs, mais il est certain qu'elle nécessitera une façon de penser, une approche différente du noir et blanc ; personnellement je crains encore que cet élément si compliqué ne soit au détriment de la vie et du mouvement simple que l'on saisit parfois en noir et blanc.

Pour véritablement créer dans le domaine de la photographie en couleurs, il faut transformer, moduler la couleur, et ainsi trouver la liberté de s'exprimer dans le cas des grandes lois qui ont été codifiées par les Impressionnistes, auxquelles même un photographe ne peut se dérober (loi du contraste simultané, toute couleur tend à colorer de sa complémentaire l'espace avoisinant ; si deux tons contiennent une couleur commune, celle-ci s'atténue par leur juxtaposition ; deux complémentaires juxtaposées s'exaltent, mélangées s'annihilent, etc.).

L'opération qui consiste à ramener les couleurs de la nature dans l'espace à une surface imprimée, pose une série de problèmes extrêmement complexes, certaines couleurs absorbent la lumière, d'autres la diffusent ; par conséquent certaines donnent l'impression de rapprocher, d'autres d'éloigner ; il faut donc ajuster les rapports colorés car les couleurs qui dans la nature se placent dans la profondeur de l'espace, réclament un placement différent sur une surface plane, que ce soit celle des peintres ou des photographes, c'est là, lorsque l'on est aux prises avec un sujet que l'on ne peut entièrement contrôler que réside la véritable difficulté ; et ce problème se pose lorsqu'en couleur on prend des photos sur le vif.

Enfin, il ne serait pas difficile d'allonger la liste des difficultés ; mais il est certain que le développement de la photographie est lié au développement de sa technique.

La technique

Les découvertes de la chimie et de l'optique élargissent notre champ d'action, à nous de les appliquer à notre technique afin de nous perfectionner. Mais il y a tout un fétichisme qui s'est développé au sujet de la technique photographique. Celle-ci doit être créée et adaptée uniquement pour réaliser une vision, elle est importante dans la mesure où l'on doit la maîtriser pour rendre ce que l'on voit ; c'est le résultat qui compte, la preuve à conviction que laisse la photo, sinon, on ne tarirait pas de décrire toutes les photos ratées et qui n'existent plus que dans l'œil du photographe.

Notre métier de reporter n'a qu'une trentaine d'années, il s'est perfectionné grâce aux petits appareils très maniables, aux objectifs très lumineux et aux pellicules à grain fin très rapides, développées pour les besoins du cinéma.

L'appareil est pour nous un outil et non un joli jouet mécanique. Il suffit de se sentir à l'aise avec l'appareil qui convient à ce que l'on veut faire. Le maniement de l'appareil, le diaphragme, les vitesses, etc., doivent devenir un réflexe comme de changer de vitesse en automobile, et il n'y a pas à épiloguer sur toutes ces opérations même les plus compliquées ; elles sont énoncées avec une précision militaire dans le manuel d'instructions fourni par tous les fabricants avec l'appareil et son sac en peau de vache.

Il est nécessaire de dépasser ce stade, au moins dans les conversations. De même dans le tirage des jolies épreuves.

Dans l'agrandissement, il faut respecter les valeurs de la prise de vue ou pour les rétablir, modifier l'épreuve selon l'esprit qui a prévalu au moment de la prise de vue. Il faut rétablir le balancement que l'œil fait perpétuellement entre une ombre et une lumière, et c'est pour cela que les derniers instants de création photographique se passent dans le laboratoire.

Je m'amuse toujours de l'idée que certaines personnes se font de la technique en photographie, et qui se traduit par un goût immodéré pour la netteté de l'image ; est-ce la passion du minutieux, du fignolé, ou espèrent-elles par ce trompe-l'œil serrer ainsi la réalité de plus près ? Elles sont d'ailleurs tout aussi éloignées du véritable problème que celles de l'autre génération qui enveloppait de flou artistique toutes leurs anecdotes.

Les clients

L'appareil photographique permet de tenir une sorte de chronique visuelle. Nous autres reporters-photographes sommes des gens qui fournissons des informations à un monde pressé, accablé de préoccupations, enclin à la cacophonie, plein d'êtres qui ont besoin de la compagnie d'images. Le raccourci de la pensée qui est le langage photographique a un grand pouvoir, mais nous portons un jugement sur ce que nous voyons et ceci implique une grande responsabilité. Entre le public et nous il y a l'imprimerie qui est le moyen de diffusion de notre pensée ; nous sommes des artisans qui livrons aux revues illustrées leur matière première.

J'ai éprouvé une véritable émotion lorsque j'ai vendu ma première photo (à *Vu*), c'était le début d'une longue alliance avec les publications illustrées ; ce sont elles qui mettent en valeur ce que vous avez voulu dire, mais qui, parfois, malheureusement le déforment ; le magazine diffuse ce qu'a voulu montrer le photographe, mais celui-ci risque aussi quelquefois de se laisser façonner par les goûts et les besoins du magazine.

Dans un reportage, les légendes doivent être le contexte verbal des images, ou venir les cerner de ce que l'on ne peut faire tenir dans l'appareil ; mais dans les salles de rédaction il se peut malheureusement qu'il se glisse quelques erreurs ; elles ne sont pas toujours de simples coquilles, et bien souvent le lecteur vous en tient seul responsable. Ce sont des choses qui arrivent…

Les photos passent par les mains du rédacteur en chef et du metteur en pages. Le rédacteur doit faire son choix parmi la trentaine de photos qui constituent généralement le reportage (et c'est un peu comme s'il avait à découper un texte pour en faire des citations). Le reportage a des formes fixes comme la nouvelle et ce choix du rédacteur sera déployé sur 2, 3 ou 4 pages selon l'intérêt qu'il y porte et l'incidence des crises du papier.

On peut tandis que l'on est en train de faire un reportage penser à sa future mise en pages. Le grand art du metteur en pages est de savoir extraire de son éventail de photos l'image qui mérite la page entière, ou la double page, de savoir insérer le petit document qui servira de locution conjonctive dans l'histoire. Il lui arrive souvent d'avoir à découper une photo pour n'en conserver que la partie qui lui semble la plus importante, car pour lui c'est l'unité de la page qui prime et souvent la composition conçue par le photographe se trouve ainsi détruite… Mais en fin de compte c'est au metteur en pages que l'on doit être reconnaissant d'une bonne présentation où les documents sont encadrés de marges aux espaces justes, et où chaque page ayant son architecture et son rythme, exprime bien l'histoire telle qu'on l'a conçue.

Enfin la dernière angoisse du photographe lui est réservée lorsqu'il feuillette le magazine y découvrant son reportage…

Je viens de m'étendre quelque peu sur un aspect de la photographie, mais il y en a bien d'autres, depuis les photos du catalogue de publicités jusqu'aux touchantes images qui jaunissent au fond des portefeuilles. Je n'ai pas cherché ici à définir la photographie en général.

Une photographie est pour moi la reconnaissance simultanée, dans une fraction de seconde, d'une part de la signification d'un fait, et de l'autre d'une organisation rigoureuse des formes perçues visuellement qui expriment ce fait.

C'est en vivant que nous nous découvrons, en même temps que nous découvrons le monde extérieur, il nous façonne, mais nous pouvons aussi agir sur lui. Un équilibre doit être établi entre ces deux mondes, l'intérieur et l'extérieur, qui dans un dialogue constant, n'en forment qu'un, et c'est ce monde qu'il nous faut communiquer.

Mais ceci ne concerne que le contenu de l'image et pour moi, le contenu ne peut se détacher de la forme ; par forme, j'entends une organisation plastique rigoureuse par laquelle seules nos conceptions et émotions deviennent concrètes et transmissibles. En photographie, cette organisation visuelle ne peut être que le fait d'un sentiment spontané des rythmes plastiques.

Henri Cartier-Bresson,
Préface à *Images à la sauvette*,
Paris, Verve, 1952

Post-scriptum – 2 décembre 1985

La couleur en photographie est basée sur un prisme élémentaire et pour l'instant il ne peut en être autrement car on n'a pas trouvé les procédés chimiques qui permettraient la décomposition et la recomposition si complexe de la couleur (en pastel par exemple la gamme des verts comporte 375 nuances). Pour moi la couleur reste un moyen très important d'information mais très limité sur le plan de la reproduction qui reste chimique et non transcendantale comme une peinture.

Henri Cartier-Bresson,
note manuscrite conservée à
la fondation HCB

« Du bon usage d'un appareil »

Écrire quelques mots sur un appareil de photo ?… On se sent immédiatement comme un de ces personnages qui, dans les pages de publicité, essayent de prouver un verre à la main, que si l'on boit du whisky untel, on est un parfait gentleman, mais au fond, je les soupçonne toujours dans le privé de boire n'importe quoi, ou même d'être d'une tempérance de végétarien. Enfin, ici, il ne s'agit pas de cela, mais de dire pourquoi depuis vingt et un ans, je travaille avec le même type d'appareil et ceci exclusivement à tout autre, c'est-à-dire le petit format 24 x 36. Il faut s'expliquer sur cette fidélité à un outil ; on ne peut en parler d'une façon neutre car une intimité s'est créée entre l'œil et lui. Il est devenu le prolongement de mon œil et ne me quitte plus.

L'appareil de petit format 24 x 36 est plus discret, plus maniable que les autres. Ses 36 images évitent l'obligation constante de le recharger, comme s'il arrivait à bout de souffle, lorsqu'un événement intéressant, et un peu long se déroule. Sa gamme d'objectifs interchangeables permet de saisir un sujet dans son intégrité juste comme notre œil l'a isolé de tout ce qu'il entoure. Un autre fait important est la visée qui se fait à la hauteur de l'œil d'une façon aussi directe que le regard, et ceci est, sans aucun doute, plus normal que de rechercher le sujet dans le fond du soufflet d'un appareil maintenu contre la ceinture : depuis quand l'œil est-il au nombril ?

Prenons-nous-en maintenant au monotone format carré. Le format rectangulaire offre, lui, un jeu de proportions entre la longueur et la largeur, qui enrichit la composition. À ceux qui disent recadrer leurs négatifs, sous l'agrandisseur, on pourrait répondre que l'intégrité de leur vision au moment où ils ont saisi la scène est détruite, et il ne reste qu'un compromis de laboratoire. Je dois dire que, personnellement, je n'ai qu'extrêmement rarement pu découper une photo et l'améliorer en la recadrant : si elle était mauvaise, les rapports géométriques qui existaient à l'intérieur du cadre seront faibles, même si on en a retiré un peu par-ci et par-là. Enfin, lorsque l'on est devant la réalité, il faut une rigueur dans le coup d'œil et de la simplicité.

Les appareils de petit format possèdent des objectifs infiniment plus lumineux que ceux d'un format supérieur, et permettent de saisir un sujet sur le vif dans des conditions de lumière les plus mauvaises. Avec les émulsions de films aussi rapides que celles qui existent maintenant, et en poussant le développement, il n'y a plus à se livrer, à de rares exceptions près, à cet horrible massacre qu'est l'emploi du « flash ». Comment, dans un pays qui se targue de finesse, de bon goût, et de s'y connaître en peinture, commet-on encore de ces actes de barbarie ? [...]

Henri Cartier-Bresson,
« Du bon usage d'un appareil »,
Point de vue - Images du monde,
4 décembre 1952, n° 235

« Rien ne vaut une exposition personnelle »

La photographie est selon moi la mise au point d'une expression visuelle dans un combat avec le temps, une expression fondée sur le plaisir d'observer et la capacité de saisir un instant décisif.

L'exposition personnelle me paraît le moyen le plus direct de laisser le public comprendre et juger une œuvre en la mettant en perspective.

Les magazines donnent certes au photographe l'occasion de toucher un large public, mais seulement dans les limites de leurs impératifs éditoriaux et de leur mise en pages ; si les mots sont bien ceux du photographe, les phrases sont celles du magazine.

Les livres de photographie, eux, sont contraints de réduire les images à un format maniable, parfois miniature.

Quant aux expositions collectives, elles dispersent l'attention entre tout un éventail de styles, et tendent à devenir des collections d'échantillons, ou bien l'illustration d'un thème dans plusieurs idiomes différents, plutôt qu'une exploration intime de l'œuvre individuelle.

On peut juger un peintre, me semble-t-il, sur la foi d'un nombre limité de toiles ; sa volonté, son style sont apparents dans chaque élément de sa peinture, qui est complètement imprégnée de sa personnalité. Le photographe, par la nature même de ses outils, dépend davantage du monde qui l'entoure. Peut-être notre force dérive-t-elle de cette limite même. C'est par l'effet cumulatif des travaux d'un photographe, plutôt que par quelques réussites isolées, que l'on peut mesurer l'étendue de sa capacité à exprimer une attitude, un point de vue, voire une position éthique.

Seule une exposition personnelle offre au public la possibilité de juger si ces buts ont été atteints.

Henri Cartier-Bresson,
« One Man Shows Are Best », *Infinity*,
American Society of Magazine
Photographers, décembre 1959,
traduction Serge Chauvin

Interview muet

Le seul aspect de la photographie qui m'ait toujours fasciné, c'est son côté intuitif, même fulgurant, classé sous le nom de reportage.

Lorsqu'on le pratique en public, dans l'anonymat, on tient du pickpocket et de l'équilibriste, mais, lorsqu'il s'agit de faire un portrait, il s'établit une connivence avec le « modèle », guidé par la curiosité, on est face à face ; parfois, un voile de timidité ou de méfiance doit être écarté, pour que s'établisse une confiance réciproque.

Dans la surprise, la première impression que l'on reçoit d'un visage me semble, en général, assez juste. Et, à mon avis, si l'on connaît très bien la personne, il est plus difficile de conserver cette concision, mais je serais bien loin d'en faire une règle.

Le photographe doit essayer de se faire oublier, deviner ce qui se dévoile d'une façon fugace, profiter de l'instant où la personne, dans son habitat, est face à face avec elle-même, et glisser délicatement l'appareil entre la chemise et la peau. Jamais je ne donne de directive à la personne en face de moi, c'est à moi de me déplacer et j'ai souvent envie de dire : « Je ne suis pas là… soyez vous-même… ! »

À cet aspect psychologique où l'on examine la forme de la bouche, le regard et même, si possible, la nuque…, il y a simultanément des problèmes de composition de l'image qui s'imposent et de respect de la lumière.

Pour ne pas se rendre insupportable, il suffirait au photographe d'inverser les rôles, se mettant à la place du modèle : l'œil de cyclope de sa caméra au front, s'efforçant de tenir une conversation ponctuée des déclics de l'obturateur-moustique. Ce modèle qui, malgré son assentiment, se retient de dire : « maintenant ça suffit,… allez ouste !… » Plus rares peut-être sont les gens insatiables d'être regardés de cette façon.

La photographie pour moi n'est pas un travail, juste un dur plaisir, ne rien vouloir, attendre la surprise, être une plaque sensible.

Henri Cartier-Bresson,
Interview muet,
texte de présentation d'une exposition
à la Galerie Agathe Gaillard,
novembre 1983

Entretiens et interviews

Si les textes de Cartier-Bresson sur la photographie sont rares, ses entretiens sont plus nombreux. Interrogé par les revues professionnelles dès les années 1950, il sera plus couramment sollicité par la presse généraliste dans les décennies suivantes, sa célébrité allant croissant. Ces interviews sont importantes pour comprendre le travail de Cartier-Bresson : elles livrent une réflexion sur la photographie plus réactive et spontanée que dans ses articles.

Un reporter vraiment ?

[…] Midi… Me voici chez Cartier, à son domicile, où j'ai bondi dès que j'ai appris qu'il allait (rare fortune) y passer enfin quelques jours, entre deux ou trois randonnées à Java, en Allemagne, ou au Mexique. Cartier-Bresson est là et nous causons tous les deux. De quoi ? Mais de photographie, voyons.

– Bien sûr la photographie est un moyen d'expression, tout comme la musique ou la poésie. C'est *mon* moyen d'expression, c'est aussi mon métier. Mais en plus de cela, c'est également le moyen qui nous permet par nos images de *porter témoignage*… Les reporters photographes…

– Les grands reporters…

– Si vous voulez ! Nous autres reporters nous nous attachons moins à l'épreuve esthétique par elle-même : *qualité*, *teinte*, *richesse*, *matière*, etc. qu'à l'image où surgit la Vie au premier rang, avant l'esthétisme. En somme, notre image finale c'est celle *imprimée*. Même si nos épreuves sont belles et parfaitement composées (et *elles doivent l'être*) ce n'en sont pas pour autant des photos de salons. D'abord une épreuve d'exposition n'a pas besoin de paroles, tout juste d'un titre, tandis que les nôtres ont une légende, une « caption » qui n'est pas tout à fait un texte explicatif, non, mais plutôt *un contexte verbal de l'image*, qui vient la cerner… Et c'est nous qui l'écrivons, pour l'homogénéité de sens entre l'image et ce texte. Nous l'écrivons *sur* l'image et l'image pour le texte. Robert Capa agit ainsi, et moi-même et Weegee et d'autres… […]

– Nous sommes bien d'accord. Mais voyons un peu ; quel est pour vous le sujet le plus important ?

– L'homme. L'homme et sa vie, si courte, si frêle, si menacée. De grands artistes comme mon ami Weston, ou comme Paul Strand ou Adams, avec un talent immense, s'attachent davantage à l'élément *naturel, géologique*, au paysage, aux monuments. Moi, je m'occupe presque uniquement de l'homme. Je vais au plus pressé. Les paysages ont l'éternité. Bien sûr, cet être humain, je ne le sépare pas arbitrairement de son entourage, je ne le *détache* pas de son habitat : je suis un reporter et non un portraitiste d'atelier. Mais l'extérieur (ou « l'intérieur ») où vit et *agit* cet homme, mon sujet, ne me sert, si vous voulez que de *décor significatif*. Je me sers de ce décor pour situer mes acteurs, leur donner leur importance, les traiter avec le respect qui leur est dû. Et ma manière est basée sur le respect, qui est aussi celui de la réalité : pas de bruit, pas d'ostentation personnelle, être invisible, autant que faire se peut, ne rien « préparer », ne rien « arranger », simplement être là, arriver tout doucement *à pas de loup afin de ne pas troubler l'eau*… […]

Interview de Daniel Masclet,
Photo France, mai 1951

Le dur plaisir

[…] Je ne refuse pas les commandes. Qui, sous la Renaissance, aurait songé à les mépriser ?

On m'a récemment demandé d'illustrer le bilan annuel d'une banque américaine. Je ne comprends rien aux banques et pendant dix jours j'ai photographié tout ce que je voyais. On m'a dit que mon reportage était un commentaire sur « les travailleurs à col blanc ». C'était là le meilleur compliment puisque je cherchais essentiellement à évoquer la vie des employés entre 9 heures du matin et 6 heures du soir. J'éprouvais pour la banque la reconnaissance que l'on a envers les parents qui ont mis au monde une fille dont on est amoureux.

J'ai fait également un reportage pour l'usine Mercedes. J'ai bavardé avec le personnel, les ingénieurs et je me suis rendu compte que la puissance de la maison reposait sur deux notions : qualité et tradition. Un jour que je me promenais dans un garage, j'ai aperçu un type qui dessinait au pinceau un tout petit filet de couleur sur une voiture 300 S.L. Après l'avoir photographié, j'ai compris que j'avais touché là un point important qui exprimait bien la qualité de Mercedes. […]

Interview d'Yvonne Baby,
L'Express, 29 juin 1961

Questions - réponses

1. Pourquoi la photographie ? Quelles sont les raisons qui vous ont amené à utiliser l'objectif comme moyen d'expression ?
– Dessiner en corps à corps avec la vie.

2. La photo révèle-t-elle l'artiste ou l'artiste la photographie ?
– Du point de vue photographique tout le monde est potentiellement un artiste.

3. Dans quel plan des arts visuels, situeriez-vous la photographie ?
– L'appareil photographique est pour moi la prolongation de l'œil ; mais votre question est trop complexe pour pouvoir y répondre brièvement ; il n'y a pas d'échelle de valeurs communes, à la rigueur seulement sur le plan des formes.

4. Voyez-vous dans la photographie un contenu social ? Lequel ?
– Je dirai qu'il y a dans la photographie un contenu d'ordre sociologique, mais il n'y a pas que cela !

5. En tant qu'art, serait-elle, la photographie, à la portée de tous ?
– À la portée de tous ? Oui en tant que moyen d'expression et je crois m'être déjà expliqué à ce propos en répondant à votre seconde question.

6. Quel rapport maintenez-vous avec la caméra ?
– Le Leica est pour moi un carnet de dessins, un divan de psychanalyste, une mitraillette, un gros baiser bien chaud, un électro-aimant, un mémoire, un miroir de la mémoire.

7. Quelle est la situation du photographe dans le monde contemporain ?
– À la fois injustement méconnue et exagérément vantée.

8. Face à la crise de civilisation qu'on traverse, quelle est votre position, de quelle façon contribueriez-vous pour un monde nouveau, et comment, dans ce monde, vous situeriez-vous, en tant qu'homme ?
– On peut toujours faire des déclarations fracassantes ; je préfère que vous vous référiez à mon travail, il répond de moi.

9. Le photographe doit-il être présent dans le monde où il vit, ou pourra-t-il faire de la photographie une simple abstraction ou encore, une sommaire spéculation de la technique que suit ce même monde ?
– Le photographe-chroniqueur doit être dans la vie ; le dilettante est dans son univers, le technicien dans ses éprouvettes. Il y en a pour tous.

10. Qu'est-ce que vous considérez plus important, le fait ou la photo (son aspect purement formel ou ce qu'elle pourra représenter d'humain et de social) ?
– Il est bien connu que la forme et le contenu doivent former un tout indissociable.

Interview pour le journal brésilien *Manchete*, 6 mars 1969

« Nul ne peut entrer ici s'il n'est pas géomètre »

[…] La photographie semble se partager en deux tendances : celle qui est « faite » – mise en scène – et celle qui est « prise » – saisie.

La vie ressemble à une table d'opération : tout est groupé, on y trouve cette composition, toujours plus riche que le produit de l'imagination. Toutes ses images posées, mises en scène, sans le moindre sens de la forme, de la dialectique, ces héritages de la mode et de la publicité, les photographies d'Avedon, de Sudre, de David Hamilton, de Diane Arbus, de Duane Michals, les travaux récents de Bruce Davidson, que sais-je encore ? Leurs auteurs m'intéressent d'un point de vue sociologique et politique, car ils représentent l'aboutissement et le désarroi d'un certain monde à l'américaine, un monde qui va au néant. Malheureusement, ils ne révolutionnent rien, ils sont intégrés à cette société de braderie. Ils ressemblent à ce monde sans sexe, sans sensualité, sans amour. Scatologues et coprophages, ils photographient leurs angoisses, leurs névroses. Il est nécessaire de copier et nous sommes tous des copieurs, mais c'est la nature qu'il faut copier – et on se dépeint soi-même à la deuxième détente. […]

Interview d'Yves Bourde, *Le Monde*, 5 septembre 1974

« J'ai horreur du "Moi Je" »

H.C.-B. – J'ai eu une grande satisfaction mais pas très souvent, c'est de gagner ma vie dans le pays où j'étais. Au Mexique, j'ai gagné ma vie comme un photographe mexicain. Au Japon, j'étais payé par les Japonais au tarif d'un photographe japonais, c'est beaucoup plus satisfaisant que de recevoir un chèque de France ou d'Amérique.

Les rapports avec l'argent ? Quand j'étais gosse, il y avait une grande glace dans ma chambre et j'avais découpé dans *Le Figaro*, ou *Le Journal des débats*, de grosses lettres avec lesquelles j'avais écrit sur la glace : « *D'où vient l'argent ?* »

P.B. – Au fond, ce qui vous plaisait au Japon, c'est qu'on vous payait vos photographies comme à un photographe quelconque ?

H.C.-B. – Absolument !

P.B. – Donc vous n'êtes pas content d'être Cartier-Bresson ?

H.C.-B. – Non, je regrette au Japon de ne pas avoir les yeux bridés et de ne pas passer inaperçu. C'est pour cela que je ne veux pas être photographié. D'ailleurs au Japon, mon nom de photographe, pour les journaux, était Hank Carter.

Un jour, j'étais en Amérique, à Cape Cod, il pleuvait, je venais d'avoir une exposition au musée d'Art moderne. J'étais sous un auvent et il y avait des types à côté de moi, des jeunes gens, et tout d'un coup je me sauve avec mon Leica à la main et j'en entends un qui dit : *« Tiens ! Voilà un gars qui se prend pour Cartier-Bresson ! »* J'ai rigolé.

Quelquefois, on me demande si je le connais et je réponds : *« Oh ! Je pourrais vous donner les plus mauvais renseignements sur lui, surtout ne l'approchez pas, il est insupportable. »*

Non, il faut être couleur de muraille. Il faut s'oublier soi-même. Je suis contre le *« Moi, je »*. Je crois que c'est Degas qui disait : « C'est très bien d'être célèbre à condition d'être inconnu. »

Interview de Philippe Boegner,
Figaro Magazine, février 1989

Questionnaire de Proust

Quel est l'état présent de votre esprit ?
Si Proust posait ces questions aujourd'hui, peut-être mentionnerait-il les motifs de révolte.
Quel est votre principal trait de caractère ?
Demandez aux autres.
Quel est votre idéal de bonheur ?
L'amour.
De quoi avez-vous le plus peur ?
Du pouvoir.
Quel est votre voyage préféré ?
Ma triple évasion de prisonnier de guerre.
Quelle vertu vous paraît-elle la plus surfaite ?
L'efficacité.
De quels mots ou expressions abusez-vous ?
« Oui, oui, oui » quand je veux dire « Faut voir ».
Quel don de la nature voudriez-vous avoir ?
Le don de me méfier de la facilité [en français dans le texte].
Si vous pouviez changer une seule chose concernant votre famille, de quoi s'agirait-il ?
Ma famille étant l'humanité, j'empêcherais son extinction par la techno-science.
De quoi êtes-vous le plus fier ?
De me couper les ongles.
Quelle qualité appréciez-vous le plus chez un homme ?
L'intégrité.
Quelle qualité appréciez-vous le plus chez une femme ?
L'intégrité.
Quelle est la personnalité vivante que vous méprisez le plus ?
Je ne crois pas au mépris : il ne faut pas mépriser les gens, mais tenter de comprendre les raisons qui les font agir.
Que détestez-vous le plus ?
Mon ignorance.
Quels sont vos héros dans la vie réelle ?
Parmi tant d'autres, certains penseurs des troisième et cinquième siècles avant Jésus-Christ. En ce qui concerne les yeux et les oreilles : Piero della Francesca, Bach, Rimbaud, Cézanne, Bonnard – la liste est sans fin.
Quelle est votre plus grande extravagance ?
L'imagination.

Henri Cartier-Bresson,
« Questionnaire de Proust »,
Vanity Fair, mai 1998, traduction
Serge Chauvin

Aphorismes

Cartier-Bresson aimait prendre des notes rapides sur sa pratique. « J'aime bien écrire court, vite, trois mots. L'instantané, toujours. Le haïku », disait-il. Il écrivait en fait comme il photographiait, avec un sens aigu de la composition et de l'efficacité. La fondation HCB conserve ainsi des centaines de petites notes écrites de sa main dont quelques spécimens ont été réunis ici.

Le temps court et s'écoule et notre mort seule arrive à le rattraper.

La photographie est un couperet qui dans l'éternité saisit l'instant qui l'a éblouie.

Je n'ai aucun message à délivrer, rien à prouver, voir et sentir, et c'est l'œil surpris qui décide.

La photographie est, pour moi, l'impulsion spontanée d'une attention visuelle *perpétuelle*, qui saisit l'instant et son éternité.

Le tir photographique est un de mes carnets de croquis.

Photographier : c'est retenir son souffle quand toutes nos facultés convergent pour capter la réalité fuyante ; c'est alors que la saisie d'une image est une grande joie physique et intellectuelle.

Dès qu'une photo est saisie elle entre dans le passé et c'est la vie…

Quand je vais quelque part, c'est pour essayer d'obtenir une photographie qui concrétise une situation, qui en un coup d'œil explique tout ce qui a de puissants rapports de formes, c'est essentiel pour moi. C'est une jouissance visuelle.

La différence entre une bonne photographie et une photographie médiocre, c'est une question de millimètres. C'est une petite, toute petite différence. Mais c'est essentiel.

Certaines photographies ressemblent à un récit de Tchekhov, à une nouvelle de Maupassant. Ça se passe très vite, mais il y a tout un monde à l'intérieur.

Les photographies auxquelles je tiens sont celles que l'on peut regarder plus que deux minutes, ce qui est très long. Mais les photographies que l'on peut regarder encore et encore ? Il y en a peu, très peu.

Faire un portrait est pour moi la chose la plus difficile. C'est très difficile. C'est un point d'interrogation posé sur quelqu'un.

Ma passion n'a jamais été pour la photographie « en elle-même », mais pour la possibilité, en s'oubliant soi-même, d'enregistrer dans une fraction de seconde l'émotion procurée par le sujet et la beauté de la forme – c'est-à-dire : une géométrie éveillée par ce qui est offert.

Photographier c'est mettre sur la même ligne de mire la tête, l'œil et le cœur. C'est une façon de vivre.

La photographie paraît être une occupation facile, mais elle exige une force de concentration jointe à un enthousiasme et à une discipline d'esprit précise. – C'est par une grande économie de moyens que l'on parvient à la simplicité d'expression. – On doit toujours photographier dans le plus grand respect du sujet et en fonction de son propre point de vue.

Voilà mon choix personnel ; de ce fait j'ai un préjugé très défavorable contre la photographie « arrangée » ou « mise en scène ».

Pour moi la photographie n'a pas changé depuis son origine, sauf dans ses aspects techniques, ce qui n'est pas ma préoccupation majeure.

La photographie est une opération immédiate des sens et de l'esprit, c'est le monde traduit en termes visuels, à la fois une quête et une interrogation incessantes. C'est, dans un même instant, la reconnaissance d'un fait en une fraction de seconde et l'organisation rigoureuse des formes perçues visuellement qui expriment et signifient ce fait.

Le débat sur le grade et la place que l'on devrait conférer à la photographie parmi les arts plastiques ne m'a jamais préoccupé, car ce problème de hiérarchie m'a toujours semblé d'essence purement académique. Je dirai simplement que chaque instant « fixé » est éternel et donc appartient aussi bien à son passé, à son présent qu'à son avenir.

En ce qui me concerne, photographier est un moyen de comprendre qui ne peut se séparer des autres moyens d'expression visuelle. C'est une façon de crier, de se libérer, non pas de prouver ni d'affirmer sa propre originalité. C'est une façon de vivre.

Pour moi ce qui compte c'est le temps. Tout est « impermanent ». Rien n'existe à perpétuité, tout change, de seconde en seconde et dans le reportage photographique qui est notre journal de bord, il n'y a que l'instant qui compte.

Je ne cherche jamais à faire la grande photo. C'est la grande photo qui m'est offerte. Il faut être disponible et sauter dessus, être là, ne pas réfléchir, s'oublier, ne pas vouloir, mais le flair, le pifomètre, le compas dans l'œil ; il n'y a pas de secret, ça ne va pas plus loin que ça…

Personnellement je ne pense pas à la photographie, ce qui me préoccupe c'est la vie.

Le sujet ne prend d'importance et la photo de force que si l'on réussit à s'oublier soi-même. Par cette attitude seule, on parvient à toucher quelque chose de sensible.

Pour bien regarder, il faudrait apprendre à devenir sourd-muet.

Points de vue de photographes

*Dès 1947 et son exposition au MoMA, le travail de Cartier-Bresson a fait l'objet de nombreux commentaires, le plus souvent élogieux, de la part de ses collègues photographes. Dans les décennies suivantes, avec la publication d'*Images à la sauvette *puis la reconnaissance internationale, Cartier-Bresson est devenu une référence incontournable, un point de repère, à partir duquel tout photographe était censé lui-même se situer.*

Ben Shahn : « déceler l'extraordinaire dans l'ordinaire »

Peintre américain d'origine russe connu pour son œuvre de muraliste et son engagement politique à gauche, Ben Shahn (1898-1969) fut aussi photographe. En 1935, il rejoint Walker Evans et Dorothea Lange dans l'équipe de photographes regroupés par le gouvernement américain (FSA) pour photographier la Grande Dépression.

On attend d'un photographe qu'il ait de la technique, comme on l'attend d'un musicien ou d'un peintre. Beaucoup de gens ont la technique. Mais ce n'est pas la technique qui rend si mémorables les photos de Bresson (sic). Bresson aime les gens. Voilà son secret. Voilà pourquoi, lors du couronnement, il a photographié les spectateurs, pendant que tout le monde photographiait la cérémonie.

Voyez encore sa série mexicaine. La plupart des gens photographient le pittoresque : les monuments, les costumes folkloriques, et ainsi de suite. Si Bresson a photographié les filles du Quartier rouge, ce n'est pas en tant que représentantes mexicaines du plus vieux métier du monde, mais en tant que personnes. C'est sa profonde compassion pour les gens qui rend ces photos si mémorables. Il est incapable de méchanceté. Même dans la photo intitulée « Pique-nique », celle où l'on voit la grosse bonne femme sur le sable, il fait preuve de compassion. La plupart des gens l'auraient ridiculisée.

Certes, ses photos témoignent d'un souci formel : d'un sens de la composition, du contraste et tout ça. Bresson est également peintre, et on n'en attend pas moins de lui, comme je le disais plus haut. Mais ce qui les rend si mémorables, c'est leur contenu. À mes yeux, il n'est jamais aussi artiste que lorsqu'il cherche son sujet. Le reste n'est que mécanique. Mais le sens du sujet, la capacité de savoir quand déclencher l'obturateur, voilà qui n'a rien de mécanique. Déceler l'extraordinaire dans l'ordinaire, c'est ce que fait Cartier-Bresson.

Dans notre pays [les États-Unis], la plupart des photographes mettent l'accent sur la forme. Notre premier club photographique s'était baptisé « le Cercle de la confusion ». Ses membres ne parlaient que de lentilles, de focale, de vitesse d'exposition, de qualité des tirages, que sais-je encore – je ne maîtrise toujours pas le jargon. [...]

C'est justement parce que le contenu est si rare chez nos photographes qu'une exposition où tout n'est que contenu (et quel contenu humain !) constitue une expérience si mémorable.

Ben Shahn,
« Henri Cartier-Bresson »,
Magazine of Art, mai 1947,
traduction Serge Chauvin

Walker Evans : « un authentique homme du regard »

Auteur de l'une des œuvres photographiques les plus importantes du XXe siècle, Walker Evans (1903-1975) est surtout connu pour ses images de la Grande Dépression américaine et son instauration du « style documentaire ». Il expose en 1935 à la galerie Julien Levy avec Cartier-Bresson et reconnaît immédiatement l'importance du français.

Dans les années trente, Henri Cartier-Bresson, jeune photographe indépendant français d'une intelligence extrême, n'a cessé d'être découvert par tel ou tel esthète influent. Il en est sorti raisonnablement indemne.

Les esthètes avaient raison. Cartier-Bresson était et demeure un authentique homme du regard. Mais plus que cela, il figure parmi les rares novateurs en matière de photographie. Les termes mêmes du titre, « The Decisive Moment », soulignent cette innovation. Ce que possède Cartier-Bresson, c'est une capacité plus ou moins fiable à prendre une photo juste au moment où, mettons, un gros dur des faubourgs se transforme en archétype universel du méchant, planté dans le décor qui sied le mieux à son personnage ; juste au moment où un enfant s'envole vers l'extase en sautillant à côté d'un mur couvert d'une patine lunaire aux motifs irréels. Ce champ visuel n'a pas été découvert par le seul Cartier-Bresson. Mais ce qui compte, ce sont les principes tranchés qu'il a tirés de sa découverte, et le fait qu'il n'a cessé de les appliquer.

Dans un autre domaine, le reportage photographique, Cartier-Bresson semble incarner le rêve de tout rédacteur en chef : un photographe qui, même handicapé par son originalité, saura résumer en un cliché l'événement du jour. Je vous renvoie, dans sa série consacrée au couronnement de George VI, à son célèbre instantané montrant une foule d'Anglais qui attendent : jamais on n'a vu combinés de façon aussi impressionnante l'attention aux individus et l'humour visuel. […]

Walker Evans,
« Cartier-Bresson, a True Man of the Eye »,
New York Times, 19 octobre 1952,
traduction Serge Chauvin

Ernst Haas : « une vision lyrique de la vie »

Photographe autrichien, Ernst Haas (1921-1986) acquiert une réputation internationale à partir des années 1950 pour ses reportages publiés dans Life, Vogue, Look *et pour sa défense de la photographie couleur. Il fut l'ami de Cartier-Bresson, rencontré au sein de l'agence Magnum dont il devint membre en 1949, sur les conseils de Robert Capa.*

Le classique. Être célébré comme un classique est pour un artiste la distinction suprême, et rares sont ceux qui se la voient conférer. Picasso et Stravinsky y ont accédé en peinture et en musique. En photographie, notre classique, c'est Henri Cartier-Bresson. Tous trois ont ouvert des portes menant à des libertés nouvelles, sans jamais pour autant oublier les vieux principes qui fondent le terme même de classique : la simplicité, l'harmonie, la proportion – des qualités qu'on n'obtient que par la discipline, la retenue et l'ordre. Tous trois ne se sont affranchis d'une certaine discipline qu'en en créant une nouvelle. Et s'il existe aujourd'hui un ABC de la photo ordinaire, il existe assurément un HCB de la grande photographie. À une époque comme la nôtre, qui ne jure que par la composition graphique, laquelle culmine dans le « potentiel d'affichage », les images de HCB demeurent ce qu'elles ont toujours été : directes, retenues, modérément contrastées, accidentelles, et dotées d'un lyrisme délicat qui jamais ne dissimule l'âpreté du réel.

[…] HCB est un homme qui comprend son époque ; il est presque une époque à lui tout seul, à cheval sur deux siècles. Façonné par les valeurs du dix-neuvième siècle, élevé dans une famille de la grande bourgeoisie française, il observe le vingtième siècle avec le regard critique d'un connaisseur des nuances visuelles et historiques. Il est profondément européen, avec un soupçon d'influence chinoise et indienne. C'est son côté chinois qui le pousse à unifier les contrastes en un grand tout. C'est un agnostique qui accepte la métaphysique sans la remettre en question ; un homme de proportions, qui accepte le bien et le mal comme humains, trop humains ; et c'est un homme de peu de mots. S'il mettait en doute votre avis, il se contenterait de vous répondre en haussant les sourcils, le menton et la main droite, et en détournant les yeux dans une direction plus neutre et plus sûre. HCB, comme sa photographie, est un mélange paradoxal : un puriste sensuel. […]

Ernst Haas,
« Henri-Cartier-Bresson : A Lyrical View of Life »,
Modern Photography, novembre 1971,
traduction Serge Chauvin

Robert Doisneau : « c'est Cupidon et sa flèche. La grâce et la concentration »

Photographe industriel, publicitaire et illustrateur dès les années 1930, Robert Doisneau (1912-1994) est surtout connu du grand public pour sa vision humaniste et populaire d'une France qui aurait échappé à la modernisation des Trente Glorieuses. Il est sans doute avec Cartier-Bresson, dont il fut l'ami, le photographe français le plus célèbre.

Il a quitté la réunion en claquant la porte.

Quel caractère il a, ce Cartier-Bresson. J'avais eu à peine le temps de le voir. La première impression n'est pas forcément la bonne. Par la suite, j'ai pu assister à bien d'autres colères. Maintenant je suis habitué et je comprends que c'est bon pour sa santé. Plutôt que d'accumuler des griefs, il vaut mieux évacuer rapidement les toxines.

Un soir, chez lui, il était visible qu'Henri n'était guère séduit par la nouvelle manière de ce confrère, pourtant satisfait de lui montrer ses derniers travaux.

Dans ce cas, on doit dire : Il me semble que tu t'engages sur une fausse route, l'habileté t'entraîne vers de faciles effets graphiques vides de cette émotion à laquelle tu nous as habitués, etc. Les formules ne manquent pas. Mais non. Henri Cartier-Bresson a refermé le carton. Après un moment d'agitation progressive, il a explosé : « Ce que tu viens de me montrer, c'est de la merde, entends-tu, de la merde, rien d'autre. »

La soirée, qui promettait d'être agréable, paraissait gâchée malgré les efforts de Martine qui s'efforçait de recréer une ambiance gracieuse et qui, finalement, est parvenue à faire planer une sorte d'armistice. Bien sûr, avec un peu de recul, il apparaît qu'Henri avait vu juste. C'est un bon juge, Henri, mais quel mauvais diplomate.

Les parlotes, les plaidoiries, la musique de l'éloquence exaspèrent ce champion de la décision fulgurante.

C'est là son domaine.

Tous ressorts bandés. Le mot ne devrait pas lui déplaire.

Son mécanisme mental fonctionne à la vitesse de la foudre. Comme ils vont vite, les rouages de sa tête, pour doser exactement ce mélange d'intuition, de géométrie, de culture et nombre d'autres ingrédients.

Que le récipient où bouillonne cette distillation soit animé de quelques frémissements me paraît tout à fait naturel. Mais ce qui peut paraître surprenant, c'est que les images, conçues au prix de mille tourments, présentent, en leur cadrage infaillible, tant d'équilibre et de paix.

Tous ceux qui ont tenté d'expliquer le phénomène se sont vite réfugiés à l'ombre des mots savants et des comparaisons hasardeuses. Une seule me semble juste, celle du tir à l'arc.

Henri Cartier-Bresson, c'est Cupidon et sa flèche. La grâce et la concentration. [...]

Robert Doisneau,
« Henri Cartier-Bresson »,
À l'imparfait de l'objectif,
Paris, Belfond, 1989

Marc Riboud : « Son œuvre révèle la beauté et la tendresse du monde »

Diplômé de l'École centrale de Lyon, Marc Riboud (né en 1923) renonce à une carrière d'ingénieur pour se lancer en 1952 dans la photographie. Son premier coup de maître est sa célèbre photographie du peintre de la tour Eiffel. En 1953, il devient membre de l'agence Magnum. Il est très proche de Cartier-Bresson, dont il partage le goût pour l'Orient.

[...] Lors d'une de nos premières rencontres, il me questionne un brin moralisateur : « Que lis-tu ? Il faut lire James Joyce, Conrad... Traînes-tu dans les musées ? Il faut aimer Bonnard, c'est le plus grand ! » J'exagère à peine. Une dictature ? Non ! C'est chez lui l'amorce de l'amitié.

Notre maître à tous ? Non. Il se voudrait plutôt l'ami de nous tous. Mais une extraordinaire contagion s'est propagée. Tout cela est venu de très loin. À 18 ans, il commence par apprendre à peindre chez André Lhote. Depuis il a toujours aimé la peinture, refusant de se contenter de la rituelle exclamation : « que c'est beau ! » Mais voulant apprendre, comprendre le pourquoi et le comment. Alors il a mis toute son énergie pour appliquer à la photographie la rigueur de la composition picturale aussi nécessaire selon lui à toute expression visuelle que peuvent l'être le solfège et le rythme pour la musique. Je l'ai entendu ainsi plus souvent parler de peinture et de ses lois que de photographie. C'était une obsession. Même lorsque la photo remplissait ses journées de l'aube à la nuit.

Cette discipline fit école. Mais elle aurait pu aussi buter sur l'écueil de l'académisme. Or c'est là où la personnalité de l'homme a si fortement imprégné son œuvre. Car l'académisme et le conformisme n'ont jamais été vraiment son genre ! Henri le libertaire, l'anar, la bouddhiste, en est l'image opposée. Depuis sa naissance son cheminement le prouve. Mais il y a plus : homme de culture et d'engagement, sa vie rime bien en effet avec rigueur et discipline. Elle semble être aussi mue par une extraordinaire pression souterraine. Pression souvent retenue et contrôlée mais qui peut soudain déborder comme un torrent. D'où ses indignations, ses révoltes, ses colères et ses emballements fameux, des flots aussi de générosité, d'amitié et d'émotions immenses.

Tout droit jailli de cette force invisible est né son geste photographique : une tension, l'instinct de l'instant, et soudainement une pulsion où tout l'inconscient de sa culture se mêle spontanément aux règles apprises. Coup d'œil, coup de cœur sur cette ligne de mire qu'il évoque souvent. Une boule de nerfs se détend alors, le calme revient, et après quelques pas de danse le rythme recommence. Pas de mitraillage pour saisir le hasard, pas de retour sur ses pas. Plutôt une concentration pour mieux voir, pour approcher et atteindre le but ; ce rapport tant espéré entre la forme et le contenu, entre le monde intérieur et extérieur. On comprend sa passion pour le Zen et pour le *Traité du Tir à l'arc* que Braque lui avait donné quand il avait 25 ans.

Son ami Robert Delpire donne une définition de l'acte photographique d'HBC : « la fulgurance des prédateurs ». Ce qui ne veut pas dire qu'il est un prédateur. Non, il ne vise pas une proie. Il sait que le regard sans la parole dérange. Alors il ne regarde pas le visage dans son champ. Il opère si vite que personne ne se sent visé. Chacun continue sa vie et lui continue à regarder intensément sans dévisager.

Cette fulgurance, ce n'est pas de l'écriture automatique. La pensée y a sa place. Bien que le Musée d'Art moderne de New York ait consacré une exposition et un livre sur le surréalisme chez Cartier-Bresson.

Les règles on peut les apprendre, mais une telle fulgurance, apparemment mystérieuse, on perdrait son temps à vouloir l'imiter. Ou bien alors, dès votre jeune âge, apprenez le tir à l'arc ou le coup de crayon et à 90 ans vous réussissez peut-être cette tranquille fulgurance.

Attiré par son contraire il a aimé l'Orient où il a vécu plus qu'il n'y a voyagé. Cette tentation de l'Orient, depuis longtemps l'a habité à son tour. Un monde que nous avons connu, qui va au-delà de la surface des choses, au-delà du visible. Une sagesse et une sérénité aujourd'hui hélas disparues sous la vague du dollar et des marchands.

Une sensibilité à fleur de peau. Un téléphone lui annonce la mort de George Rodger, ami et cofondateur de Magnum. Il fond en larmes, comme un enfant. Fidélité à ses amis innombrables, à l'équipe de Magnum depuis les années héroïques des débuts du reportage. Innombrables aussi les causes humanitaires auxquelles il s'est joint activement.

Son œuvre révèle la beauté et la tendresse du monde. Une de ses dernières photos l'exprime bien. Un canard, la note juste, à l'angle d'un plan d'eau cerné par un rectangle parfait où se mirent les lignes régulières des platanes de l'Isle-sur-Sorgue. Mouvements sur l'eau, surprise légère, plein d'harmonie, plaisir de l'œil. Nous devrions ici parler plutôt de joie, selon Bach et Bouddha.

Marc Riboud, « HCB »,
texte écrit à l'occasion des 90 ans
d'Henri Cartier-Bresson, 1998

Raymond Depardon : « Il a imposé le regard et le statut de photographe »

Amateur photographe dès son plus jeune âge, Raymond Depardon devient reporter à la fin des années 1950. Il participe à la fondation de l'agence Gamma en 1966, puis rejoint Magnum en 1978. Il construit dès lors une œuvre hybride entre photographie et cinéma documentaire marquée par une approche singulière et toujours très subjective de ses sujets.

Il est le photographe moderne par excellence, car il est reconnu à la fois comme artiste et comme journaliste. C'est unique. C'est miraculeux parce que ces deux notions sont contradictoires. L'artiste trahit le sujet. Mais il a gardé cette caution du photojournalisme en optant, en 1947, pour la curiosité et le regard sur la vie. Il a voulu que sa photo soit multipliée et non raréfiée. Qu'elle soit vue autant dans un journal qu'au musée. C'est fondamental. Et il a inventé une façon de travailler et de fonctionner.

C'est-à-dire ?

En 1947, il avait le choix : rester seul et fonctionner comme un peintre, ou se regrouper avec d'autres au sein d'une agence. Pour la photo qu'il voulait faire, qui était un regard sur le monde et sur soi-même et qui demandait une disponibilité totale, il a créé Magnum. Pour être dérangé le moins possible. Le système reste valide.

Magnum serait aussi l'écran face aux journaux ?

Avant lui, les magazines imposaient leur terreur et leur idéologie à travers leur choix d'images. Surtout *Life*, où la maquette était reine et où l'on pouvait tenter sept versions avant le numéro définitif. Henri s'est déchargé sur Magnum, mais il s'est aussi servi de sa notoriété pour imposer ses choix, pour imposer le regard et le statut de photographe. Il a imposé qu'on ne recadre pas. Il pouvait dire : *« Laissez-moi tranquille et donnez-moi de l'argent. »* Il a imposé des photos. Avant lui, le photographe avait une réputation de bouffon bruyant, le contraire d'un intellectuel. Il a indéniablement joué un rôle pour corriger cette image.

Cette attitude du reporter, comment la définir ?

Partir sans idée préconçue, longtemps (six mois, un an) sur les routes, ne pas trop se préoccuper du sujet, rester libre, définir un projet en trois mots. Ne pas être inféodé à un journal, à un commanditaire.

Avancer comme un flâneur, rester curieux des choses, faire des gros plans, des paysages, des instantanés. Il a privilégié la rue comme espace où une société se révèle, l'espoir, la révolution, la misère, un niveau de vie… Il a bien traduit cela au Mexique. Cette tradition a été poursuivie, d'une autre façon, par des Américains comme Friedlander ou Winogrand. Mais elle est en train de disparaître.

Quand Henri part pour l'URSS, en 1954, il n'a pas de plan de travail. Il est à l'opposé des reportages formatés, définis par un synopsis, que l'on voit maintenant dans les magazines ou à la télévision. Aujourd'hui, le reporter, le plus souvent, prend un avion, reste dix jours et rentre. Le photographe de presse est devenu un auxiliaire : au service de l'information, de la commercialisation, du magazine.

Le reporter peut-il encore fonctionner comme HCB ?

Oui. À condition de considérer la photographie comme un choix de vie et non un métier. Le débat est là. Henri a fait ce choix. Il nous a donné cette leçon de rester libre. Et c'est pour cela qu'il a réussi à donner de l'énergie aux images. […]

Raymond Depardon,
« Il a imposé le regard et
le statut de photographe »,
propos recueillis par Michel Guerrin,
Le Monde, 29-30 août 2004

BIBLIOGRAPHIE

Livres d'Henri Cartier-Bresson

– *The Photographs of Henri Cartier-Bresson*, New York, The Museum of Modern Art, 1947.
– *Beautiful Jaipur*, Bombay, The Times of India Press, s.d. [1948].
– *Images à la sauvette*, Paris, Verve, 1952.
– *D'une Chine à l'autre*, Paris, Robert Delpire, 1954.
– *Danses à Bali*, Paris, Robert Delpire, 1954.
– *Moscou vu par Henri Cartier-Bresson*, Paris, Robert Delpire, 1955.
– *Les Européens*, Paris, Verve, 1955.
– *Flagrants Délits*, Paris, Robert Delpire, 1968.
– *The World of Henri Cartier-Bresson*, New York, The Viking Press, 1968.
– *L'Homme et la machine*, Paris, Chêne, 1969.
– *Vive la France*, Paris, Sélection du Reader's Digest, 1970.
– *Visage d'Asie, photographies de Henri Cartier-Bresson*, Paris, Chêne, 1972.
– *À propos de l'URSS*, Paris, Chêne, 1973.
– *Henri Cartier-Bresson Photographe*, Paris, Robert Delpire, 1979.
– *En Inde*, Paris, Centre national de la photographie, 1985.
– *Photoportraits*, Paris, Gallimard, 1985.
– *L'Amérique, furtivement, Photographies Henri Cartier-Bresson USA, 1935/1975*, Paris, Seuil, 1991.
– *Paris à vue d'œil*, Paris, Seuil, 1994.
– *Carnets mexicains 1934-1964*, Paris, Hazan, 1995.
– *André Breton, Roi Soleil*, Fata Morgana, 1995.
– *Des Européens*, Paris, Maison européenne de la photographie, Seuil, 1997.
– *Tête à tête, portraits d'Henri Cartier-Bresson*, Paris, Gallimard, 1998.
– *Paysages*, Paris, Delpire, 2001.
– *De qui s'agit-il ?*, Paris, Bibliothèque nationale de France, Gallimard, 2003.

Écrits

– « Du bon usage d'un appareil », *Point de vue images du monde*, 4 déc. 1952.
– « Histoire d'un reportage », *Arts*, 5 janv. 1955.
– *« One Man Show Are Best »*, *Infinity*, déc. 1959.
– *« An Island of Pleasure Gone Adrift' »*, *Life*, 15 mars 1963.
– *« In My View »*, *Creative Camera*, avril 1970.
Des textes de Cartier-Bresson sont également publiés dans Images à la Sauvette *(1952),* D'une Chine à l'autre *(1954),* Les Européens *(1955),* Moscou *(1955),* À propos de l'URSS *(1973),* André Breton, Roi Soleil *(1996) ; nombre d'entre eux sont repris dans* L'Imaginaire d'après nature, *Cognac, Fata Morgana, 1996.*
Il existe par ailleurs de nombreuses notes manuscrites ou dactylographiées conservées à la fondation HCB.

Interviews

– Daniel Masclet, « Interview », *Photo France*, mai 1951.
– Yvonne Baby, « Le dur plaisir », *L'Express*, 29 juin 1961.
– Jean Lattès, « Henri Cartier-Bresson ou la volupté de l'œil », *Journalistes, reporters, photographes*, nº 12, 1967.
– Anonyme, « Interview », *Photo*, déc. 1968.
– Jean-Jacques Lévêque, « Ma lutte avec le temps », *Les Nouvelles littéraires*, 20 oct. 1970.
– Jean Bothorel, « Un aristocrate de la photo, Henri Cartier-Bresson, regarde vivre les Français », *La Vie catholique*, 18-24 nov. 1970.
– Sheila Turner Seed, « Henri Cartier-Bresson », *Popular Photography*, mai 1974.
– Yves Bourde, « Nul ne peut entrer ici s'il n'est pas géomètre », *Le Monde*, 5 sept. 1974.
– Alain Desvergnes, « HCB à la question », *Photo*, sept. 1979.
– Paul Hill, Thomas Cooper, *« Henri Cartier-Bresson »*, *Dialogue with Photography*, New York, Farra, Strauss and Giroux, 1979.
– Hervé Guibert, « Rencontre avec Henri Cartier-Bresson », *Le Monde*, 30 oct. 1980.
– Ferdinando Scianna, *« Conversation Without Inverted Commas »*, *The Great Photographers, Henri Cartier-Bresson*, Londres, William Collins Sons & Co. Ltd., 1984.
– Hervé Guibert, « "Photoportraits" sans guillemets », *Le Monde*, 10 oct. 1985.
– Gilles Mora, « Henri Cartier-Bresson : conversation », numéro spécial des *Cahiers de la photographie*, 1986.
– Philippe Boegner, « Photographier n'est rien, regarder c'est tout », *Figaro Magazine*, févr. 1989.
– Michel Guerrin, « La jouissance de l'œil », *Le Monde*, 21 nov. 1991.
– Mathieu Lindon, « Cartier-Renoir », *Libération*, 21-22 mai 1994.
– Pierre Assouline, « Entretien avec Henri Cartier-Bresson », *Lire*, juillet-août 1994.
– Michel Nuridsany, « L'artisan qui refuse d'être un artiste », *Le Figaro*, 26 juillet 1994.
– John Berger, « Henri Cartier-Bresson », *Aperture*, hiver 1995.
– Christian Tyler, *« Exposed: the Camera-shy Photographer »*, *Financial Times*, 9-10 mars 1996.
– Michel Guerrin, « Henri Cartier-Bresson raconte ses "Années Bazaar" », *Le Monde*, 3 mars 1998.

– Gilles A. Tiberghien, « Le dur plaisir de photographier », *Les Cahiers du musée national d'Art moderne*, été 2005.

Témoignages et études

– Pierre Assouline, *Cartier-Bresson, l'œil du siècle*, Paris, Gallimard, 1999.
– Tobia Bezzola, Agnès Sire (éd.), *Alberto Giacometti, Henri Cartier-Bresson, Une communauté de regards*, Fondation HCB, 2005.
– John Malcolm Brinnin, *Sextet: T. S. Eliot and Truman Capote and others*, New York, Delacorte Press, 1981.
– Jean Clair, *Henri Cartier-Bresson entre l'ordre et l'aventure*, Paris, L'Échoppe, 2003.
– Claude Cookman, *« Margaret Bourke-White and Henri Cartier-Bresson Gandhi's Funeral »*, *History of Photography*, vol. 22, n° 2, été 1998.
– Claude Cookman, *« Henri Cartier-Bresson Reinterprets his Career »*, *History of Photography*, vol. 32, n° 1, printemps 2008.
– Robert Delpire (éd.), *Cartier-Bresson, des images et des mots*, Paris, Delpire, 2004.
– Robert Doisneau, « Henri Cartier-Bresson », *À l'imparfait de l'objectif, souvenirs et portraits*, Paris, Belfond, 1989.
– Robert Doisneau, « Dans le grand palais de Cartier-Bresson », *Journalistes, Reporters, Photographes et Cinéastes*, n° 20, janvier 1971.
– Walker Evans, *« Cartier-Bresson, A True Man of the Eye »*, *New York Times*, 19 octobre 1952.
– Walker Evans, *« Henri Cartier-Bresson »*, *in* Louis Kronenberger (ed.), *Quality, its Image in the Arts*, New York, Atheneum, 1969.
– Peter Galassi, *Henri Cartier-Bresson : premières photos. De l'objectif hasardeux au hasard objectif*, Paris, Arthaud, 1991.
– Yvan Goll, « La photographie est un art », *France-Amérique*, n° 40, 16 févr. 1947.
- Michel Guerrin, *Henri Cartier-Bresson et Le Monde*, Gallimard, coll. « Arts et artistes», 2008.
– Philippe Halsman, *« The Little Human Detail Caught on a Piece of Film »*, *New York Herald Tribune*, 15 nov. 1952.
– Lincoln Kirstein, *« Artist With a Camera »*, *New York Times Magazine*, 2 févr. 1947.
– Lincoln Kirstein, *« Cartier-Bresson in the Orient: 13 photographs »*, *Portfolio, The Annual of Graphic Arts*, Cincinnati, Zebra Press, 1951.
– André Pieyre de Mandiargues, *Le Désordre de la mémoire*, Paris, Gallimard, 1975.
– Jean-Pierre Montier, *L'Art sans art d'Henri Cartier-Bresson*, Paris, Flammarion, 1994.
– Gilles Mora (éd.), « Henri Cartier-Bresson », n° spécial des *Cahiers de la photographie*, 1986.
– Nicolas Nabokov, *Bagazh. Memoirs of a Russian Cosmopolitan*, New York, Atheneum, 1975.
– Beaumont Newhall, « La vision instantanée d'Henri Cartier-Bresson », *Camera*, n° 10, oct. 1955.
– Beaumont Newhall, *« Man Behind the Lens »*, *Saturday Review*, 31 déc. 1955.
– Brigitte Ollier (éd.), *Henri*, Trézélan, Filigranes, 2003.
– Claude Roy, « Henri Cartier-Bresson », *L'Étonnement du voyageur, 1987-1989*, Paris, Gallimard, 1990.
– Agnès Sire (dir.), *Manuel Álvarez Bravo, Henri Cartier-Bresson, Walker Evans, Documentary and Anti-graphic Photographs*, Göttingen, Steidl, 2004.
– Agnès Sire (dir.), *Le Silence intérieur d'une victime consentante, portraits par Henri Cartier-Bresson*, Paris, Thames & Hudson, 2006.
– Agnès Sire (dir.), *Henri Cartier-Bresson, Scrapbook, Photographies 1932-1946*, Göttingen, Steidl, 2006.
– James Thrall Soby, *« A New Vision in photography »*, *Modern Art and the New Past*, Norman, University of Oklahoma Press, 1957.
– James Thrall Soby, *« The Art of Poetic Accident: the Photographs of Cartier-Bresson and Helen Levitt »*, *Minicam Photography*, vol. 6, n° 7, mars 1943.

TABLE DES ILLUSTRATIONS

Sauf indication contraire, toutes les photographies sont d'Henri Cartier-Bresson, et sont conservées à la fondation HCB.
*Par souci de déontologie historienne, l'ensemble des objets, documents ou photographies publiés dans le présent ouvrage ont été reproduits à partir des originaux. Les photographies de Cartier-Bresson ont ainsi été reproduites d'après des tirages d'époque (*vintages*). Cartier-Bresson n'ayant adopté le principe du liseré noir autour de ses images qu'à la fin des années 1960, la plupart de ses photographies antérieures reproduites ici en sont par conséquent dénuées.*

COUVERTURE

1er plat Paris, place de l'Europe, gare Saint-Lazare, 1932.
Dos Détail de l'un des premiers Leica du photographe. Archives de la fondation HCB.
2e plat René Burri, Henri Cartier-Bresson, 5e Avenue, New York, 1959.

OUVERTURE

1 Le couronnement de George VI, 12 mai 1937.
2-3 Marseille, 1932.

4-5 Bruxelles, 1932.
6-7 Hyères, 1932.
8-9 Valence, Espagne, 1933.
11 Henri Cartier-Bresson à La Havane, photographié par René Burri, 1963.

CHAPITRE 1

12 Henri Cartier-Bresson, vers l'âge de 12 ans, début des années 1920. Collection particulière [Coll part.].
13 Album contenant les toutes premières photographies d'Henri Cartier-Bresson. *Ibidem*.
14m Carte postale des usines Cartier-Bresson à Celles-sur-Plaine, Vosges. Coll. part.
14b Bobines de fil Cartier-Bresson. Coll. part.
15h Cartier-Bresson au lycée Condorcet, photo de classe de 1922. Coll. part.
15b Portrait en pied de Cartier-Bresson, photographie des studios Nadar, 24 mars 1924. Coll. part.
16 Séance de dessin à l'académie Lhote, vers 1927, photographe inconnu (peut-être Cartier-Bresson). Archives Alain Paviot, Paris.
17h Couverture du *Traité de la figure*, par André Lhote, Paris, Floury, 1950. Coll. part.
17b Le peintre André Lhote corrige les toiles de ses élèves, Paris, 1944.
18 Henri Cartier-Bresson, *Nu*, 1928, huile sur toile, 62 x 34 cm. Coll. part.
19h René Crevel, vers 1930, photographe anonyme.
19b Man Ray, séance de rêve éveillé, 1924. Musée national d'Art moderne - Centre Georges Pompidou, Paris.
20d Cartier-Bresson en tenue militaire, Le Bourget, photographie André. Coll. part.
20b Caresse et Harry Crosby, Peter et Gretchen Powel à Paris en 1928, photographe anonyme. Caresse Crosby Photograph Collection, Special Collections Research Center, Morris Library, Southern Illinois University Carbondale.
21 Berenice Abbott, Julien Levy, 1927, tirage sur papier au gélatino-bromure d'argent. The Metropolitan Museum of Art, New York.
22 Sans titre, v. 1932.
23 Double page du « First Album » de Cartier-Bresson. Archives de la fondation HCB.
24h Rouen, 1929.
24bg Eugène Atget, Avenue des Gobelins, Paris, 1927. New York, Museum of Modern Art/Abbott-Levy Collection, Partial Gift of Shirley C. Burden.
24bd Eugène Atget, Boulangerie, 48, rue Descartes. Bibliothèque nationale de France, Paris.
25 Sans titre, v. 1930.

CHAPITRE 2

26 Cartier-Bresson se photographiant dans un miroir déformant, vers 1932, *in* « First Album». Archives de la fondation HCB.
27 « Ceux qui regardaient », reportage de Cartier-Bresson sur le couronnement de George VI, *Regards*, 20 mai 1937.
28 Côte d'Ivoire, 1931, *in* « First Album ». Archives de la fondation HCB.
29 Côte d'Ivoire, 1931.
30 Martin Munkási, Jeunes Garçons courant dans les vagues au lac Tanganyika, vers 1930, photographie reproduite in *Arts et Métiers graphiques*, 1931. Bibliothèque Kandinsky, Centre de documentation et de recherche du MNAN/CCI, Paris.
31 André Pieyre de Mandiargues et Leonor Fini en Italie, 1933.
32h Séville, 1933.
32b Séville, 1932.
33 Livourne, 1932.
34-35 Près de Sienne, 1933.
36 Photographie réalisée à Patzcuaro, par Cartier-Bresson dans le cadre d'une mission au Mexique, pour le musée d'Ethnographie du Trocadéro, 1934.
37g Manuel Álvarez Bravo et Henri Cartier-Bresson au moment de leur exposition conjointe au palais des Beaux-Arts de Mexico, mars 1935, photographe inconnu.
37hd Manuel Álvarez Bravo, Échelle d'échelles, 1931. The Art Institute Chicago.
37bd Mexico, 1934.
38 Madrid, 1934.
39g Salerne, 1933.
39d « Cartier-Bresson et la géométrie », essai dactylographié de Maurice Tabard. Archives de la fondation HCB.
40 Le marchand d'art Pierre Colle, 1932.
41h Mexico, Santa Clara, 1934.
41b Martigues, 1932.
42 Les abattoirs de La Villette, 1932.
43h Sans titre, v. 1932.
43b Man Ray, L'énigme d'Isidore Ducasse, 1920, photographie.
44h Carton d'invitation de l'exposition « Cartier-Bresson, Álvarez Bravo » au palais des Beaux-Arts de Mexico, 1935. Archives de la fondation HCB.
44m Carton d'invitation à l'exposition « Photographs by Cartier-Bresson, Walker Evans and Álvarez Bravo », galerie Julien Levy, New York, 23 avril-7 mai 1935. Archives de la fondation HCB.
45 Couverture du nº 237 de *Regards*, 28 juillet 1938. Archives de la fondation HCB.
46g Cartier-Bresson dans une scène du film de Jean Renoir *La Régle du jeu*, 1939. Coll. part.
46d Eli Lotar, photographie de plateau du film de Jean Renoir *Partie de campagne*. Musée national d'Art moderne - Centre Georges Pompidou, Paris.
46-47 Eli Lotar,

CHAPITRE 3

CHAPITRE 4

publiée *in* Henri Cartier-Bresson, *Vive la France*, Sélection du Reader's Digest, 1970.
93b Double page de *Life*, 5 janvier 1959. Archives de la fondation HCB.
94-95 Cartier-Bresson en train photographier, photographe inconnu. Archives Alain Paviot, Paris.
96 Henri Matisse à Vence, villa Le Rêve, 1951.
97 Manahattan, Bowery, 1947.
98 René Burri, Cartier-Bresson et André Malraux au musée des Arts décoratifs, à Paris, novembre 1966.
99 Tokyo, obsèques de l'acteur Danjuro, Aoyama Funeral Hall, 13 novembre 1965.
100 Rome, 1959.
101 Paris, place de l'Europe, gare Saint-Lazare, 1932.
102-103 Rome, 1959.
104-105 Cyclades, île de Siphnos, 1963.
106-107 Les arènes de Valence, 1933.
108 Portrait de Cartier-Bresson obtenu au stand de « tir phographique » d'une fête foraine, fin des années 1920. Coll. part.
108-109 Note manuscrite de Cartier-Bresson. Archives de la fondation HCB.
109h Rajasthan, Jaipur, 1948.
109b Couverture du *Zen dans l'art chevaleresque du tir à l'arc*, par Eugen Herrigel. Coll. part.
110h, 110m et 111 Mentions obligatoires figurant au dos des tirages de Cartier-Bresson.
110md Article de *L'Express*, 25 nov. 1955, publiant une photographie recadrée. Archives de la fondation HCB.
110b Moscou, 1954.

CHAPITRE 5

112 Henri Cartier-Bresson, *Autoportrait*, 1984, dessin, 31,9 x 23,8 cm. Collection François-Marie Banier, Paris.
113 Logo de la fondation HCB.
114 Eduardo Arroyo, *Gilles Aillaud regarde la réalité par un trou à côté d'un collègue indifférent*, 1973, huile sur toile, 115 x 145 cm. Astrup Fearnley Collection, Oslo.
114-115 Planche du timbre édité par la Poste en 1999, d'après une photographie de Cartier-Bresson.
115b Cartier-Bresson à la une de *Saturday Review*, 31 déc. 1955.
116 Raymond Depardon, Cartier-Bresson et François Mitterrand au palais de Tokyo, 1988.
117h Paris, 1962.
117b Couverture de *Photographie et société*, par Gisèle Freund, illustrée de l'« œil de Cartier-Bresson », photographie de Jean Lattès, Le Seuil, 1974.
118 Note manuscrite de Cartier-Bresson à propos du titre de son livre *Vive la France*. Archives de la fondation HCB.
119h Brie, France, juin 1968.
119b Salins-les-Bains, Jura, 1968.
120-121 Paris, 6, boulevard Saint-Michel, mai 1968.
122 Jardin des Tuileries, Paris, 1976.
123 « Notre chat Ulysse et l'ombre de Martine », 1989.
124-125 Cartier-Bresson en train de dessiner dans son appartement parisien, photographie Martine Franck, 1992.
125h Henri Cartier-Bresson, *Les Tuileries, Paris*, 1977, dessin. Coll. part.
125m Note manuscrite de Cartier-Bresson, 27 avril 1992. Archives de la fondation HCB.
126g Une du *Times*, 5 août 2004. *Ibidem*.
126d Une de la *Libre Belgique*, 5 août 2004. *Ibidem*.
127g Prison de Leesburg, New Jersey, 1975.
127d Timbre albanais publié sans autorisation de la fondation HCB. Coll. part.
128 Note manuscrite de Cartier-Bresson. Archives de la fondation HCB.

TÉMOIGNAGES ET DOCUMENTS

129 Course de chevaux à Munster, Irlande, 1952.

INDEX DES NOMS

A

B

CRÉDITS PHOTOGRAPHIQUES

Hélène Adant/D. R. 86. Dan Budnik/D.R. 88. Courtesy fondation HCB, Paris, à l'exception de : Astrup Fearnley Collection, Oslo/Tore H. Royneland 114. Bibliothèque Kandinsky, Centre de documentation et de recherche du MNAN/CCI, Paris 30. Bibliothèque nationale de France, Paris 24bd. CNAC/ MNAM, Dist. RMN/Droits réservés 19b, 46d, 46-47. B. Abbott/Commerce Graphics, Ltd 21. Corbis/Geneviève Naylor 54. Catherine Hélie/Gallimard 128. Magnum 62. Magnum/DR 70b. René Burri/Magnum 2e plat, 11, 98. Raymond Depardon/Magnum 116. Martine Frank/Magnum Photos 124-125. Martin Munkásci/D. R. 30. Archives Alain Paviot, Paris 16, 55 94-95. Photographie J.-H. Lartigue © Ministère de la Culture - France/AAJHL 91. Roger Viollet/ Henri Martinie 19h. Scala, Florence/2008 Digital image, The Museum of Modern Art, New York 24bg, 56h. Special Collections Research Center, Morris Library, Southern Illinois University Carbondale 20b.
© M. et Mme Pierre Marchand 46d, 46-47.
© Adagp, Paris 2008 114, 84.
© Succession H. Matisse 2008 86, 87h.
© Colette Urbaytel, Mexico.
© Man Ray Trust/Telimage/ADAGP, Paris, 2008 19b, 43b.

REMERCIEMENTS

L'auteur tient à exprimer toute sa reconnaissance à l'équipe de la Fondation HCB, Agnès Sire, Aude Raimbault et Pauline Vermare qui l'ont accompagné lors de ses recherches avec une grande efficacité doublée d'une rare gentillesse. Il souhaite également exprimer sa plus vive gratitude à Martine Franck pour sa confiance, ainsi qu'à Marie-Thérèse Dumas qui l'a aimablement guidé dans les archives personnelles de Cartier-Bresson. Il tient enfin à remercier tous ceux qui, d'une manière ou d'une autre ont aidé, facilité, ou encouragé ce projet : Pierre Assouline, Quentin Bajac, Alain Paviot, Serge Plantureux, Thierry Gervais, Jean-Marie Linsolas, Laure Boyer, Françoise Denoyelle, Jean-Pierre Bertin-Maghit, Brigitte Vincens, Necha Mamod, Perrine Renaud, Florian Ebner et Valérie Vignaux.
Les éditions Gallimard remercient vivement Martine Franck et Agnès Sire, qui ont permis qu'un Découvertes soit consacré à Henri Cartier-Bresson, ainsi que Marie-Christine Biebuyck et François Pinassaud de l'agence Magnum, François-Marie Banier, Martin d'Orgeval, Sonia Tricot, Alain Paviot, Serge Plantureux et Fabienne Di Rocco.

ÉDITION ET FABRICATION

DÉCOUVERTES GALLIMARD
COLLECTION CONÇUE PAR Pierre Marchand. DIRECTION Elisabeth de Farcy.
COORDINATION ÉDITORIALE Anne Lemaire. GRAPHISME Alain Gouessant.
COORDINATION ICONOGRAPHIQUE Isabelle de Latour.
SUIVI DE PRODUCTION Fabienne Brifault. SUIVI DE PARTENARIAT Madeleine Giai-Levra.
RESPONSABLE COMMUNICATION ET PRESSE Valérie Tolstoï. PRESSE David Ducreux et Alain Deroudilhe.

HENRI CARTIER-BRESSON, LE TIR PHOTOGRAPHIQUE
ÉDITION ET ICONOGRAPHIE Caroline Larroche. MAQUETTE Vincent Lever. LECTURE-CORRECTION Jean-Paul Harris et Jocelyme Moussart. PHOTOGRAVURE Arciel Graphic.

Clément Chéroux est conservateur pour la photographie au Centre Pompidou.
Historien de la photographie, docteur en histoire de l'art, il a publié
L'Expérience photographique d'August Strindberg (Actes Sud, 1994),
Fautographie, petite histoire de l'erreur photographique (Yellow Now, 2003),
Fotografie und Geschichte (Institut für Buchkunst, 2004).
Il a dirigé la publication des catalogues des expositions *Mémoire des camps, photographies des camps de concentration et d'extermination nazis* (Marval, 2001),
Le Troisième Œil, la photographie et l'occulte (Gallimard, 2004),
La Photographie timbrée, l'inventivité visuelle de la carte postale fantaisie (Steidl, 2007),
dont il était également le commissaire.
Il est rédacteur en chef adjoint de la revue *Études photographiques*.

*Dépôt légal : septembre 2008
Numéro d'édition : 156897
ISBN Gallimard : 978-2-07-0356256*

Imprimé en France par IME.